◆ 浙江省重点创新团队"现代服务业创新团队"研究成果

◆ 浙江省"十三五"一流学科应用经济学研究成果

◆ 浙江省哲学社会科学研究基地"浙江省现代服务业研究中心"研究成果

◆ 浙江树人大学著作出版基金资助成果

高新区人力资本生态拟合与创新绩效关系研究

以浙江高新区为例

诸葛剑平　著

浙江大学出版社
ZHEJIANG UNIVERSITY PRESS

前言

在知识经济时代，随着科技成果转化为社会生产力所引起的巨大能量的持续释放，世界各国逐渐开始关注和重视科技带给经济的促进和推动作用，纷纷开始实施科技强国、人才竞争战略。特别是20世纪中叶的英国剑桥科学园和美国硅谷的成功进一步证实了，"科技＋人才＋政策"不仅能带动一个区域的经济飞速发展，而且能带动周边区域，甚至是整个国家经济的腾飞。基于此，本书的研究对象是高新区（高新技术产业园区或高新技术开发区）的科技人力资本。本书在方法论上引入生态学对自然界生态系统的群落、种群、生物个体研究的方法与测算模型，用一种全新的视角，从研究对象的本体出发，采取与当前研究人力资本等相关对象由外而内的方式相反的方向——由研究对象本体特征为出发点，进而推出适合人力资本存量增长的环境和政策等建设方案。

首先，本书对科技人力资本理论进行梳理和综述，重点概括了我国人力资本理论研究的发展历程，分三个阶段结合我国当时的国情说明了人力资本理论的研究特点，并对人力资本概念进行界定，明确本书科技人力资本的研究对象和研究范围。同时，对科技人力资本的特定研究域——国内外较成功的高新技术产业园区的运作模式进行比较研究，列出科技人力资本外在因素的异同点。

其次，搭建基于生态学思想的跨学科模型框架，主要围绕生态位理论及其测度展开，包括生态位理论、生态位宽度、生态场理论、生态优势度、多样性指数与均匀度指数模型、生态位构建理论及进化惯量与动量模型等，将生态学研究对象和社会学研究对象进行相似度拟合，并从理论上证明交叉科学运用带来的全新图景的可行性和理论实践的价值。

最后，从高新区科技人力资本结构生态拟合度、创新生态拟合度、感知生态拟合度、流动生态拟合度等方面进行实证研究，建立多个高新区科技人力资本不同维度的生态拟合模型，比较真实地反映现实情况和存在的问题，在实证的基础上提出提升浙江地区人力资本生态拟合的路径对策。

目录

1　引　言　/ 1

1.1　研究背景及意义　/ 3

1.2　研究内容及方法　/ 7

1.3　技术路线　/ 9

2　文献综述及理论基础　/ 11

2.1　人力资本理论综述　/ 13

2.2　人力资本概念的界定　/ 28

2.3　区域创新理论　/ 40

3　国内外高新区发展模式研究　/ 47

3.1　英国剑桥模式　/ 49

3.2　美国硅谷模式　/ 51

3.3　日本筑波科学城　/ 56

3.4　新加坡高科技园区　/ 59

3.5　韩国大德模式　/ 62

3.6 印度班加罗尔模式 / 64

3.7 我国台湾新竹模式 / 66

3.8 我国北京中关村科技园区发展模式 / 69

3.9 高新区发展模式及其启示 / 72

4 高新区科技人力资本生态拟合的模型基础 / 83

4.1 生态学及生态系统概述 / 85

4.2 生态位及其测度研究 / 88

4.3 生态场理论研究 / 90

4.4 生态优势度理论研究 / 93

4.5 进化生态学理论研究 / 95

5 高新区科技人力资本生态拟合度的特质与创新绩效研究 / 99

5.1 高新区生态系统拟合的特质研究 / 101

5.2 科技人力资本生态链模型研究 / 105

5.3 科技人力资本结构生态位特质研究 / 106

5.4 高新区创新绩效及其评价 / 127

6 浙江高新区科技人力资本生态拟合度与创新绩效影响效应实证 / 137

6.1 浙江高新区科技人力资本生态拟合度与创新绩效影响效应实证 / 139

6.2　浙江高新区科技人力资本感知生态拟合度研究　/ 143

6.3　高新区科技人力资本流动生态拟合度　/ 149

7　浙江高新区人力资本生态拟合度提升路径　/ 157

7.1　提高人力资本的存量水平　/ 159

7.2　改善人力资本结构配置　/ 161

7.3　积极引导人力资本的合理流动　/ 167

8　结论与展望　/ 177

8.1　研究成果　/ 179

8.2　研究局限性及展望　/ 184

参考文献　/ 187

附录　/ 197

1

引　言

1.1　研究背景及意义

1.1.1　研究背景

本书的研究对象是高新区的科技人力资本。本书在方法论上引入生态学对自然界生态系统的群落、种群、生物个体研究的方法与测算模型，目的是用一种全新的视角，从研究对象的本体出发，采取与当前研究人力资本等相关对象由外而内的方式相反的方向——由研究对象本体特征为出发点，进而推出适合人力资本存量增长的环境和政策等建设方案。本书依托当前国内外竞争格局、经济发展趋势以及区域经济建设规划的大背景，具体从以下几个角度分析。

1.1.1.1　国际环境

21 世纪国际环境仍然以和平与发展为主色调，世界各国都抓住当下积极发展经济。21 世纪伊始，各国经济实力格局不稳，在明暗的较量中变动频繁。然而，促使经济快速发展的动力来源于科技人力资本存量，直接表现为技术、文化、教育等与人力资本存量本身有关的方面，间接表现为经济、政治、军事等与人力资本存量所处环境相依的方面。换句话说，21 世纪的国际竞争归根到底就是人才的竞争。任何国家只要拥有了相当的人才，即掌握了各行各业的优势活性资源，就能在国际竞争中占得先机。

1.1.1.2 高新技术发展

科学技术尤其是高新技术，已经逐渐成为世界各国关注的焦点和未来经济发展的主要动力。美国的硅谷、英国的剑桥、印度的班加罗尔等地都通过高新技术成功推动了区域经济快速发展，带动周边地区乃至整个国家经济的高速发展。可见，高新技术发展将成为现在和未来各国经济发展的主要动力之一。然而，以高新技术推动经济发展的增长方式有别于传统的以物质资料为主的增长方式，它主要依靠技术、经营管理思想、人的智力、能动创造意愿等科技人力资本存量。现代经济的快速发展离不开高新技术的驱动作用，而高新技术的创造、升级、应用及改进又离不开科技人力资本的驾驭作用，因此，科技人力资本存量的高质量增长决定了现代经济的持续、稳定、高速发展。

1.1.1.3 经济发展模式

随着经济全球一体化进程的加快，国与国之间的交流合作越来越频繁，发达国家通过向发展中国家输出资金、技术等，将某些产业转移至发展中国家，这种模式在一定时期能达到双赢互利。一方面，发达国家把那些高资源消耗、低技术含量的产业转移到劳动力密集的发展中国家，可以降低劳动力成本，付出相对更低的资源成本和环境成本；另一方面，发展中国家通过接纳这种产业，解决大量就业问题，并且可以学习国外的技术，发展粗放型经济，在一定时期可以获得经济的快速发展。然而，对于我国来说，粗放型经济模式发展到一定阶段必然将遇到瓶颈，治理环境污染、资源浪费带来的恶性经济循环所需付出的代价往往抵消了相当多的经济增长所带来的利益。当前，世界新一轮科技革命和产业变革孕育兴起，我国经济结构深度调整、新旧动能接续转换进入新阶段，必须认真学习贯彻习近平总书记系列重要讲话精神，把创新摆在国家发展全局的核心位置，以新发展理念为引领，以供给侧结构性改革为主线，深入实施创新驱动发展战略，加快培育壮大新动能，改造提升传统动能，推动经济保持中高速增长，迈向中高端水平。因此，科技人力资本存量的研究是人力资本所有者拥有的综合素质现状结构、增量增速、愿景发展、进化演变等的体现，符合当前倡导的科学发展观思想。

1.1.1.4 产业结构与区域发展

近年，我国根据国际经济发展形势和国内经济发展态势出台了一系列产业政策，对产业结构进行宏观调控，对传统产业进行更新改造，对煤炭、纺织、轻工、造船等产业进行技术升级，打破传统的技术规范，达到增产增效的目的；同时，大力发展高新技术产业，诸如信息产业、节能环保产业、生物工程及医药产业等，用高新技术产业带动经济又好又快发展。

1988 年 5 月，我国诞生了第一个国家级高新技术产业开发区——中关村科技园；1998 年 8 月，国家又将高新技术产业化发展列为火炬计划，鼓励有条件的地区积极创办高新技术产业开发区，截至 2017 年，已经成立了 156 个国家级高新技术产业开发区。高新区着力打造高新技术产业，促进科技成果的转化，以科技人力资本为主要依托，以科技创新和高新产业化发展为宗旨，具有强大的经济推动力，不仅能促使高新区所在区域的经济快速发展，而且能够辐射周边地区和带动更广区域的经济发展，拉动整个国家的 GDP 快速增长。

1.1.2　研究意义

本书的研究是基于国际和国内经济发展的大背景而言的，同时，它是对特殊区域——高新技术产业开发区、特殊行业——技术产业、特殊对象——人力资本、特殊方法——生态学计测的一次探索性和突破性研究，因此，本书的研究意义具体体现在以下几个方面。

1.1.2.1 高新区是发展的经济增长点，起到经济拉动作用和区域示范作用

我国区域政策实施最为成功的典范之一当属"经济特区"，经济特区的快速发展使区域的面貌发生了翻天覆地的变化，更重要的是它们拉动了周边区域经济快速发展。通过经济特区的对外窗口，利用外资引入先进生产制造技术，大大提高产品的质量和生产规模，增强了产品的市场竞争能力；利用外资企业的销售渠道，提高国际市场进入准则和需求口径的适应性，从而打开国际市场的大门；利用开放搞活的契机，加大对技术、经验和信息的学习与了解，尽快跟上世界经济发展的步伐，缩小与发达国家的差距。

2001 年 12 月 11 日，我国正式加入世贸组织，全国范围内对外开发的程度都随之逐渐加大，不单单是经济特区。此时，经济特区的拉动作用和示范作用已经慢慢融入了整个国民经济建设的大潮中，取而代之的是我国高新技术产业开发区，它是国际经济发展的大趋势，是国家经济发展的动力。各地通过行政手段划定某些区域集中建设高新产业，提供发展高新产业的软硬件优良环境、给予利于高新产业规模化和科技人力资本存量增加的政策支持。高新技术产业开发区的成功建设将会加速科技成果转化为生产力的步伐，吸引优秀人才到园区从事科技创新和自我创业，改良我国产业结构和改造传统产业增长模式，实现"产—学—研"三螺旋的经济增长互助方式。

1.1.2.2 高新技术产业符合产业政策，有利于国民经济的持续稳步发展

政府一直对高新技术产业给予高度重视，颁布了《关于支持高新技术产业发展若干问题的通知》《财政部国家税务总局关于进一步鼓励软件产业和集成电路产业发展税收政策的通知》《国家鼓励的集成电路企业认定管理办法（试行）》《鼓励外商投资高新技术产业目录》等一系列文件，促进高新技术产业的快速发展和产业结构的优化升级。为了高技术产业蓬勃发展，基于高技术产业集聚效应，顺势建立起以珠三角、长三角和环渤海区域为中心的高技术产业集聚地，同时，经济技术开发区和高新技术产业园区也成为高新技术产业的重要集聚地。

高新技术产业是知识密集型产业，其科技人员比例较大，科技研发投入大，投资回报率高。一般来说，高新技术产业包括生物与制药、电子信息与光机电、新材料、航空航天、新能源等领域，与传统产业相比具有高人力资本、长期战略发展、重研发创新、能源消耗与环境污染小等特点，对社会和经济发展具有举足轻重的作用。加大高新技术产业投入产出，能够降低资源消耗、提高劳动生产率、加速产业升级、提升浙江在世界市场的分工等级、增强综合实力。

1.1.2.3 人力资本是高新技术的载体，是高新产业发展的推动力

在社会大生产中，人才是最重要的生产要素，它具有主观能动性，能够发挥出物质资料所没有的潜在作用。特别是在高新技术产业发展中，人才的作用更是所有生产资料中的关键因子。另外，科技人力资本在高新技术产业园区内发挥作

用的人力资本中占有绝对优势，它是园区内人才实现其本身生产资料作用的各种能力和素质的综合体现，换句话说，科技人力资本是科技内在能力的源泉，而科技人才是科技人力资本的所有者和载体。科技人力资本存量的大小决定了高新技术产业开发区内产业平台的水平高低，科技人力资本存量增幅的大小决定了高新技术产业开发区内产业建设的效果好坏，科技人力资本存量增速的方向决定了高新技术产业开发区内产业发展周期的长短，科技人力资本存量横向与纵向的比例大小决定了高新技术产业开发区在产业技术上的追赶或领跑战略。

1.2　研究内容及方法

本书的主要内容如下所示。

第一部分：主要介绍本书的研究背景及意义、主要内容和研究方法、技术路线等。

第二部分：主要对人力资本相关理论进行梳理和综述。首先是对人力资本理论的综述，然后重点介绍了我国人力资本理论研究的发展历程，分三个阶段结合我国当时的国情说明了人力资本理论的研究特点；其次是对人力资本概念进行界定，介绍了人力资本的定义、特征和类别；最后为了更加明确人力资本的研究对象和研究范围，将人力资本与比较相近的、容易混淆的人力资源进行比较研究，分别列举了它们之间的异同点。

第三部分：主要介绍了生态学思想和相关理论，论述了从生态学及系统的概念到生态系统内各群落、各种群之间的关系及相互作用的测度，包括生态位理论、生态位宽度、生态场理论、生态优势度、多样性指数与均匀度指数模型、生态位构建理论及进化惯量与动量模型等。

第四部分：主要论证了高新区科技人力资本生态特性与生态位计测、生态优势度、生态位构建等拟合的逻辑可行性。从高新区生态系统的生态特征及能量、物质和信息循环，高新区科技人力资本存量的生态特性，高新区科技人力资本生态位特性，高新区科技人力资本随高新区生态系统生态进化等方面进行生态拟合研究。

第五部分：主要从浙江高新区科技人力资本结构生态拟合度的角度，分别运用生态学中多样性指数、均匀度指数、生态优势度、生态场、生态位构建、进化惯量与动量等方法，并结合人类社会学人力资本理论，分别建立高新区科技人力资本生态拟合模型进行实证检验。

第六部分：主要提出了浙江提升人力资本生态拟合度的路径，提高人力资本的存量水平，改善人力资本结构配置，引导人力资本的合理流动。

本书采用的研究方法主要有以下几种。

文献分析法：大量阅读相关文献，知悉国内外相关理论研究的进展情况，并比较分析概念理论和方法理论在解决实际问题时的作用、优劣，通过跨学科文献资料的汇总和融合，找到本书的切入点和理论应用价值。

逻辑分析法：本书涉及物化学、生态学、社会学等多学科交融的问题研究，以科技人力资本研究为中心，以较新的理论方法为工具，对于此类研究必须有一个理论上的论证过程。本书将抽象生态学研究对象与人类社会学研究对象的特征进行比拟研究，用逻辑推导、归纳演绎方法去分析操作的可行性。

定性与定量分析法：在文献分析法和逻辑分析法的基础上，本书研究利用生态学生态位计测及其构建模型等与统计学理论及软件，对抽样样本数据实施定量分析和模型输出结果定性分析相结合，得出生态拟合的一些观点和政策指导参考建议。

多层实证分析法：基于文献综述、逻辑论证和定性定量方法分析，对浙江高新区生态系统的科技人力资本从不同角度——不同高新区、不同年龄结构、不同技能水平等——采取分层实证，将问卷调查数据归类整理、统计分析。

1.3 技术路线

本书所做研究的技术路线见图 1.1。

```
┌──────────┐                          ┌──────────┐
│  理论基础  │                          │  现实基础  │
└────┬─────┘                          └────┬─────┘
     │                                     │
     ▼                                     ▼
┌───────────────────┐          ┌─────────────────────┐
│ 生态理论、人力资本理论、 │          │ 收集各区域科技创新、人力 │
│ 区域创新理论等       │          │ 资本拟合度资料；实地调研 │
│                   │          │ 重点企业创新绩效       │
└─────────┬─────────┘          └──────────┬──────────┘
          │                               │
          ▼                               ▼
    ┌─────────────────────────────────────────────┐
    │      人力资本拟合度对区域科技创新绩效的影响效应研究      │
    └─────────────────────────────────────────────┘
```

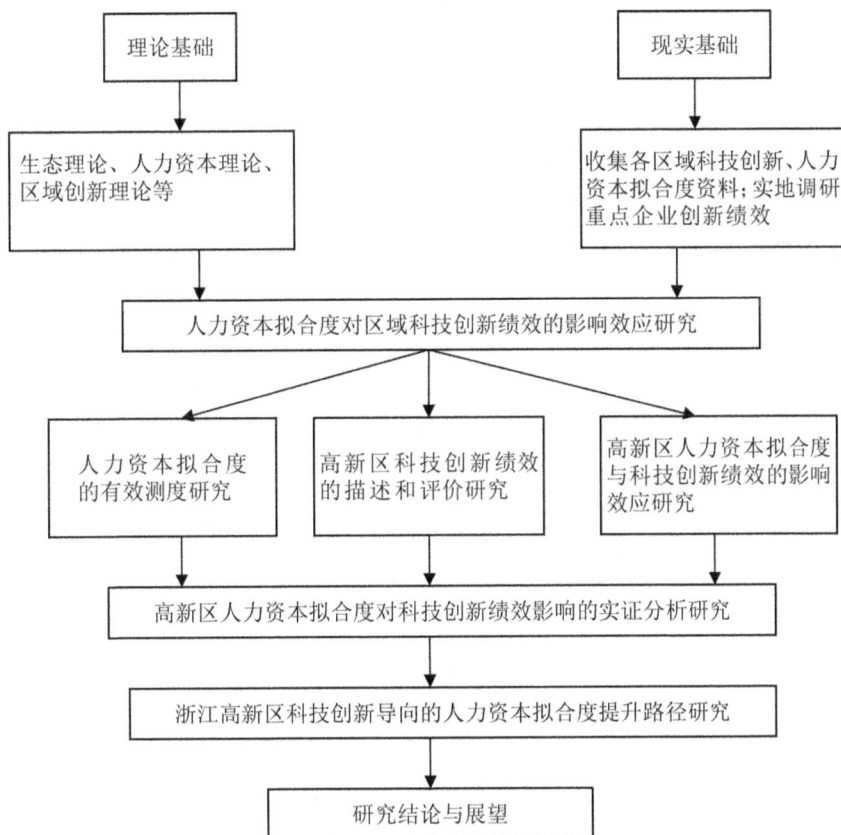

图 1.1　研究的技术路线

2

文献综述及理论基础

"人力资本"一词最早是在 20 世纪 60 年代由舒尔茨正式提出。随着社会的发展和国际环境的不断演化，人力资本在社会大生产中的重要作用越来越毋庸置疑，并被学术界广泛关注和深入研究。然而，对于人力资本的研究存在着泛而滥的情况：首先，对于人力资本理论没有做到系统性梳理；其次，对于人力资本与其他一些近似的理论提法有混淆现象。本章作为本书的理论核心，从内容上对"人力资本"理论发展的脉络在整理相关文献的基础上进行系统总结。

2.1 人力资本理论综述

2.1.1 西方人力资本理论研究综述

关于人力资本理论的研究雏形最早可追溯到公元前。古希腊哲学家柏拉图在《理想国》一书中就强调了哲学教育的重要价值，他给予受过严格教育的统治阶级以无上的权力，并从多门学科角度探讨建立理想国的方案。对于国外人力资本理论的研究，本书归纳为两个部分。

2.1.1.1 古典经济学中的人力资本理论研究

古典经济学理论的重要思想即经济增长产生于资本的积累和劳动的分工之间的互相作用，其中对早期的人力资本理论萌芽意识可见一斑。古典经济学主要产生于欧洲的英、法等国家，涉及人力资本思想的代表人物有英国的威廉·配第、亚当·斯密、大卫·李嘉图、约翰·斯图尔特·米尔、阿尔弗雷德·马歇尔及法国的让·巴蒂斯特·萨伊、弗朗斯瓦·魁奈。

威廉·配第（William Petty，1623—1687）是英国古典政治经济学创始人，他最早提出劳动决定价值的理论，并依托劳动价值论来考察工资等。其著作《政治算术》中"土地是财富之母，劳动是财富之父"的理论，在很大程度上认为人力和物质资本在生产中起着同等作用。弗朗斯瓦·魁奈（Francois Quesnay，1694—1774）是重农学派创始人，有学者称之为近代首个经济学家，他用抽象的图式分析了经济体系，说明商品在生产和消费过程中的流通。他认为农业和工业相比，农业才能使财富增加，从事农业的人是生产阶级，而工商业不能生产最初的产品，因而不能算作生产，进而从事工商业的人不能算作生产阶级。从他的划分来看，社会人被分作三个阶级，即生产阶级、不生产阶级和土地所有阶级。

亚当·斯密（Adam Smith，1723—1790）是经济学的主要创始人，他将人力视为资本，提出分工理论。该理论认为分工促进劳动生产力，由于每个人技能上的差异，分工会带来专业技巧的娴熟从而提高生产率，同时可配合机械操作简化劳动过程。他提出了"劳动工资论"："一国土地和劳动的全部产物，或者说，年产物的全部价格自然分解为土地地租、劳动工资和资本利润三部分。这三部分构成三个阶级人民的收入，即以地租为生、以工资为生和以利润为生的这三种人的收入。"大卫·李嘉图（David Ricardo，1772—1823）是英国古典政治经济学的杰出代表，他以边沁的功利主义理论为出发点，建立起了以劳动价值论为基础、以分配论为中心的理论体系。他继承了斯密理论中的科学因素，坚持商品价值由生产中所耗费的劳动决定的原理，并批评了斯密价值论中的错误。他提出决定价值的劳动是社会必要劳动，决定商品价值的不仅有活劳动，还有投在生产资料中的劳动。他认为全部价值由劳动产生，并在三个阶级间分配：工资由工人的必要生活资料的价值决定，利润是工资以上的余额，地租是工资和利润以上的余额。由此说明了工资和利润、利润和地租的对立，实际上也揭示了无产阶级和资产阶级、资产阶级和地主阶级之间的对立。

让·巴蒂斯特·萨伊（Jean Baptiste Say，1767—1832）是法国经济学家，于1803 年著《政治经济学概论：财富的生产、分配和消费》一书。他在该书中指出："生产出来的价值，都是归因于劳动、资本和自然力这三者的作用和协力，资本与土地也像劳动一样有独立的生产力；利息、地租和工资分别是使用这三种生产要素所支付的代价，而绝非劳动创造价值的转化形态。"① 萨伊在著作中还把人力资本划分为普通劳工的一般人力资本、专业技术人员的专业化人力资本和经营管理者的创造性人力资本。劳工一般"只需要很少的学习或锻炼，甚至不需要什么学习或锻炼"，"就这类人来说，工资比仅仅维持生存所需要的数目略多一些，因为工资必须足够维持劳工的子女的生存"。如果劳工获得特殊才能或技巧，则其报酬的构成中，除工资外，还有一种相当于"资本的利息"的"剩余"。萨伊指出："所有需要长期教育和才能的工作，需要（接受过）高等教育的工作，比不需要这么多教育的工作有更多的报酬。教育是资本，它应当产生和劳动的一般报酬没有关系的利息。"在这个推理基础上，萨伊把资本的收入分为"使用资本所付的利息"和"使用资本所有者的资本家收益"区别开来。萨伊批评亚当·斯密没有注意到"资本的利润与使用资本的劳动的利润"的区别，并认为斯密为说明"利润是和资本成比例，而不是和劳动与监督及管理技能成比例"，所举的例子完全没有说服力。"通过比较总利润的平均与同行之间利润差额的平均，这项差额似乎是所使用的技能与劳动的差异的正确指标，这大体准确地估定了总利润中属于资本的那部分和属于使用资本的劳动的那部分利润"。萨伊的这些思想对后来的人力资本理论和企业理论都有经典的指导意义。

约翰·斯图尔特·穆勒（John Stuart Mill, 1806—1873）是英国思想家、哲学家、经济学家、心理学家，经济学古典主义的最后代表人物，他认为对劳动生产率产生重要影响作用的还包括人的技能和知识，这些与机器、生产工具一起被视作国民财富的一部分，赞同教育支出对国民财富的增加有利，因而教育上的支出和其他公共事务支出完全兼容。阿尔弗雷德·马歇尔（Alfred Marshall，1842—1924）

① 萨伊 . 政治经济学概论：财富的生产、分配和消费 [M]. 陈富生，陈振骅，译 . 北京：商务印书馆，1963：147.

是近代英国最著名的经济学家、新古典学派的创始人、古典经济学的集大成者，他提出"具有那些精力、能力与习性，可直接有益于使工作勤奋、具有效率……如是可视为资本。因此，个人财富与个人资本是可以互换的"；同时，马歇尔的《经济学原理》一书也阐述了"我们可以得出下列的结论，把公私资金用于教育之是否明智，不能单独以它的直接结果来衡量。将教育仅仅当作是一种投资，使大多数人有比他们自己通常能利用的大得多的机会，也将是有利的"。可见，马歇尔倡导教育与训练对提高劳动力素质的积极作用，并把教育分作三类，分别是普通教育、技术教育和选择性教育。

2.1.1.2 现代经济学中的人力资本理论研究

目前，人力资本理论研究领域的学者们基本都将西奥多·W. 舒尔茨作为近现代的人力资本理论研究的开拓者。与之同时代且也在人力资本理论方面做出贡献的还有加里·贝克尔、雅各布·明塞尔、爱德华·富尔顿·丹尼森等，他们从人力资本的不同视角进行研究和探索，本书对这些研究整理如下。

西奥多·W. 舒尔茨（Theodore W. Schultz，1902—1998），美国经济学家，1979 年诺贝尔经济学奖获得者。他曾说过："世界上大多数人是贫穷的，所以如果懂得穷人的经济学，我们也就懂得了许多重要的经济原理。世界上大多数穷人以农业为生，因而如果我们懂得农业经济学，我们也就懂得许多穷人的经济学。"第一，在农业经济领域，他认为传统农业从业者贫穷但还是有效率的。要想转变传统农业，就必须向农业提供现代投入品，对农民进行人力资本投资，即"增进穷人福利的决定性要素不是空间、能源和耕地，而是人口质量"。第二，在教育经济学领域，他的著作有《教育的经济价值》《人力资本投资：教育和研究的作用》《人力投资：人口质量经济学》。他提出了人力资本投资理论，认为人力资本投资是促进经济增长的关键因素。这也是学者们将其视为近现代人力资本理论开创者的原因，并称之为"人力资本理论之父"。

加里·贝克尔（Garys Becker，1930—2014），美国新自由主义经济学家，他把经济理论扩展到对个人行为的研究。与舒尔茨的农业人力投资和教育人本管理相比，贝克尔更关注微观人类行为层面，对人力资本理论进行了更深层次的分析，具有一定的针对性和系统性。他详述了人力资本及其投资的问题，对人力资本性质、人力资本投资行为提供了有说服力的理论解释。

雅各布·明塞尔（Jacob Mincer），美国劳动经济学家，于 1957 年发表了《人力资本投资与个人分配》，其后又发表了《在职培训：成本、收益与某些含义》。他引入经济数学模型，对个人收入与其接受的培训量之间的关系进行研究。明塞尔的人力资本说主要关注的是劳动者个人收入差别与其受到的教育、培训、工作经验程度的关系。他认为，工人收入的增长和个人收入差距缩小的根本原因是人们受教育水平的普遍提高，是人力资本投资的结果。

爱德华·富尔顿·丹尼森（Edward Fulton Denison），美国经济学家，致力于对经济增长因素的分析和预测，通过跟踪美国历史统计数据来探索经济增长因素并测度它们给经济增长带来的作用。他在《美国经济增长因素和我们面临的选择》（The Sources of Economic Growth in the United Stares & the Alternatires Before Us, 1962）中阐述了生产要素投入与产出关系，对经济增长中的知识增长和教育作用做了估算。其中一项数据显示，1927—1957 年美国经济增长份额中来自对教育的投资回报占 23%，因此，丹尼森认为对人力资本的投资，即让其接受良好的教育培训，对社会经济增长有很重要的作用。

2.1.2　马克思人力资本理论研究综述

在人力资本理论发展过程中，马克思的贡献不可磨灭。虽然他没有正面提出人力资本这个概念，但是在他的劳动价值理论中蕴含着人力资本的思想。具体表现在两点：第一，马克思关于人的全面发展思想。"以人为本"是马克思的基本哲学价值观——人的历史由人本出发再回归人本论，整个所谓世界历史不外是人通过人的劳动而诞生的过程。发展的实质就是通过改善各种社会关系，用来排除其对人自身的本源的异化，从而走向全面发展。第二，在经济理论史上，马克思的政治经济学对资本的本质、形态、构成、变化规律以及演进等做出了全面、系统、科学的实证研究。

马克思的人力资本思想在他的著名论著《资本论》中可见一斑，主要体现在以下几个方面。

2.1.2.1 在人类自身生产过程中，人力资本有其形成过程和特殊规律性

马克思的人力资本思想不是将之视为即时存在的资源，而是在成长过程中，受到不同的教育培训后形成的能够进行剩余价值创造的资源，即劳动力的生产和再生产。恩格斯在《家庭、私有制和国家的起源》第一版序言中明确指出："根据唯物主义观点，历史中的决定性因素，究其根源都是直接生活的生产和再生产。但是，生产本身又有两种：一方面是生活资料即食物、衣服、住房及为此所必需的工具的生产；另一方面是人类自身的生产，即种的繁衍。"

2.1.2.2 在价值增值过程中，人力资本具有实体特性和价值构成

"我们把劳动力或劳动能力，理解为人的身体即活的人体中存在的、每当人生产某种使用价值时就运用的体力和智力的综合。""人本身单纯作为劳动力的存在来看，也是自然对象，是物，不过是活的有意识的物，而劳动本身则是这种力的物质表现。"马克思认为人力资本的价值和商品都是由社会生产的必要劳动时间决定的，不同的是人力资本的价值必须包含"一定历史和道德的因素"。价值构成不仅包括再生产或维持劳动力这个生命态的个体能力所需要的费用，而且包括这种特殊"商品"所有者的繁衍生息费用即子女的生活费、教育费用等。马克思指出，要改变一般的人的本性，使它获得一定劳动力，就要进行一定的教育或训练，而这就得花费一定的商品等价物，劳动力的教育费随着劳动力性质的复杂度增加而增加。

2.1.2.3 在市场经济条件下，人的人力资本提供者和人的人力资本雇佣者之间的社会关系

马克思认为："每个人为另一个人服务，目的是为自己服务；每一个人都把另一个人当作自己的手段互相利用。"这两种情况在两个人的意识中是这样出现的：（1）每个人只有作为另一个人的手段才能达到自己的目的；（2）每个人只有作为自我目的（自为的存在）才能成为另一个人的手段（为他的存在）；（3）每个人是手段同时又是目的，而且只有成为手段才能达到自己的目的，只有把自己当作自我的才能成为手段，也就是说，这个人只有为自己而存在才能把自己变成那个人

而存在，而那个人只有为自己而存在才能把自己变成这个人而存在。

2.1.2.4　在生产中，人力资本占有主体地位，发挥着创造价值的作用

马克思认为：所谓资本是指能够带来剩余价值的价值。资本在历史上起初以货币形式存在，作为货币财产，作为从商资本和放贷资本，对立于地产，但货币并非天然地就能成为资本，货币只有在特定的历史阶段，作为一种手段雇佣自由劳动力进行剩余价值的生产时，才转化为资本。资本之所以能带来剩余价值，不在于它的"无生命劳动"形态，即以生产资料为实物形态的资本，而在于它购买了"有生命劳动"，即以能够创造价值的劳动力为实体形态的资本——马克思说的人力资本原形。马克思指出："我们叙述了劳动过程的不同因素在产品价值的形成中所起的不同作用，事实上也就说明了资本的不同组成部分在资本本身的价值增值过程中所执行的不同职能。产品的总价值超过产品的形成要素的价值总额而形成的余额，就是价值已经增值的资本超过原预付资本价值而形成的余额。一方面是生产资料，另一方面是劳动，它们不过是原有资本价值在抛弃货币形式而转化为劳动过程的因素所采取的不同的存在形式。""变为生产资料即原料、辅助材料、劳动资料的那部分资本，在生产过程中并不改变自己的价值量"，"相反，变为劳动力的那部分资本，在生产过程中改变自己的价值。它再生产自身的等价物和一个超过这个等价物而形成的余额，即剩余价值。这个剩余价值本身是可以变化的，是可大可小的。这部分资本从不变量不断变为可变量"。马克思著作中的这些论述都充分地论证了在生产和价值增值过程中人力资本所具有的与物质资本不同的主体地位和价值创造作用。

2.1.2.5　在个人的自控时间里，使个人得到充分发展，实际上就是个人人力资本的提升，增加人本身的某一种或多种能力

马克思认为，"自由确实是人所固有的东西"，然而，要使人能够有更多的自由时间，就必须在社会必要劳动时间保证的情况下，提高劳动生产率或增加劳动强度等来实现。"这种节约就等于发展生产力。节约劳动时间等于增加自由时间，即增加使个人得到充分发展的时间，而个人的充分发展又作为最大的生产力反作用于劳动生产力。从直接生产过程角度来看，节约劳动时间可以看作生产固定资

本，这种固定资本就是人本身。""自由时间——无论是闲暇时间还是从事较高级的活动时间——自然要把占有它的人变成另一主体，于是它作为另一主体又加入直接生产过程。对于正在成长的人来说，这个直接生产过程就是训练，而对于头脑里具有积累起来的社会知识的成年人来说，这个过程就是（知识的）运用，即实验科学，有物质创造力的和物化中的科学。"综合来说，马克思所指的自由时间的个人发展主要是指个人的精神层面的生产和关于创造劳动价值的潜在的能力、智力等方面的准备。

2.1.3 国内人力资本理论研究综述

我国人力资本理论研究由于历史、政治、国际环境等原因影响，起步较晚。目前可参考的文献基本上都比较新。笔者参看了近 30 多年的文献资料，将我国人力资本理论研究按照时间划分为三个阶段，每个阶段都有其理论研究方面的特点。

2.1.3.1 第一阶段: 1989 年以前

我国人力资本理论研究在 1989 年以前处于起步阶段，研究内容主要集中在西方人力资本理论的引进、学习和探讨。如 1980 年我国学者在《人力资本理论家舒尔茨》一文中介绍了舒尔茨的人力资本理论，总结了两个观点：一是在教育和保健方面的经费应当视为生产性的投资，而非福利支出或公共服务支出；二是劳动力质量的提高需要通过教育实现，劳动力质量越高，给社会带来的经济收益越大。李少元（1984）认为人力资本理论在经济学中具有重要地位，同时，他认为教育、科学与经济具有相辅相成的关系。曲恒昌（1985）对西方国家的人力资本理论进行了比较深入的论述和分析，在我国较早提出人力资本投资和收益的关系，并提出了人力资本理论和人力政策之间的关系。韩文秀、陈义（1988）对人力资本化与非资本化对经济的影响进行比较分析，得出结论：人力资本化对经济的影响优于人力非资本化。林超（1989）对人力资本理论进行重新审视，他将劳动价值理论与人力资本理论进行比较研究，认为劳动价值理论与人力资本理论在研究范畴上是不同的，两者适应于不同时代的生产力水平，从而分别从劳动的量和质两个角度对生产和分配问题进行阐述。魏民（1989）从人力资本理论看教育的国民投资，他论述了人力资本投资的重要意义和忽视人力资本投资的历史教训，并得出四个观点，即要承认劳动力个人所有制、要完善劳动力市场、要发挥政府的再分配作用、要使教育结构与竞争性劳动力市场联系起来。

2.1.3.2 第二阶段: 1990—1999 年

我国人力资本理论研究到 20 世纪 90 年代进入了快速成长和发展阶段，这一阶段主要表现在人力资本理论深入研究和运用方面，在运用方面主要集中在人力资本投资研究、人力资本产权研究和人力资本运营研究等。具体总结如下。

（1）人力资本理论研究

本书的人力资本理论研究包括对人力资本纯理论的解析，不包括人力资本理论的应用扩展。在人力资本理论发展和认识方面，我国学者陈应鹤（1991）、林素川（1992）、金占明（1996）、邵星（1997）、刘雯和唐绍欣（1998）都对人力资本理论历史发展进行了总结性综述，都认同人力资本在生产中的地位，赞成教育在经济发展中起到重要作用。杨胜刚（1994）综述了西方人力资本理论的新进展，以理论的发展为基础来研究中国人力资本化的问题，探求中国经济体制改革的途径和思路。江海燕（1998）指出了人力资本理论与教育的关系，文中追踪了人力资本理论的产生、发展和形成过程，从中得出教育能够促进现代经济发展、消除贫穷、提高收入、减少收入不均，从而实现社会相对公平的结论。王开国、宗兆昌（1999）认为新古典经济学价值观和方法论的双重逻辑排斥了人作为全面的社会人的存在，相反，现代企业理论重新发现了全面的人，探索了人力资本的特性。

（2）人力资本投资研究

高德步（1994）认为人力资本投资是个人投资的重要领域，这种投资是以人为对象，并且投资的回报期较长。诸建芳、王伯庆、恩斯特·使君多福（1995）对中国人力资本投资的个人收益率进行研究，认为中国教育收益率低下的原因可能有以下几方面：一是收入政策中存在着轻视教育、轻视科技知识的倾向；二是劳动力分配效率低下，并且这种现象持续存在；三是各种教育投资的效率低下；

四是教育投资存在过度投资现象。贾愈（1997）论述了人力资本投资与我国经济可持续发展之间的内在联系，认为我国应该选择以人力资本为依托的经济发展模式，加大人力资本投资，有利于经济可持续发展。刘迎秋（1997）认为人力资本对我国经济成长具有重要意义，其中教育支出、劳动力再培训、保健支出等都对经济成长做出了贡献。程文文、陈戈、黄洁纲（1997）用消费效用的观点对人力资本进行分析，认为人力资本投资的边际效用是递减的，且边际报酬率和边际收入均是递减的。人力资本投资的最佳策略是当边际报酬率恰好等于人力资本投资初期边际消费效用和未来边际消费效用的比值。王建伟（1999）和倪志远（1999）都以知识经济为背景论述了人力资本投资：王建伟认为优良的人力资本需要有配套的企业组织、企业文化、企业研发机制、制度环境和创新体系相作用，才能使人力资本转化为生产力，推动知识经济的快速发展；倪志远认为知识经济是创新型经济，社会经济持续增长的生产要素中最具活力的就是知识的更新和创造，而智力资源的多少决定了知识经济的发展速度的快慢，人力资本又是智力资源的物质载体，因此，归结到底，人力资本对社会可持续发展具有关键的意义。吴开松（1999）和夏杰长、刘美玲（1999）都将人力资本投资与失业和再就业问题联系起来，都认为人力资本投资能够提高人力资本存量，从根本上治理失业问题，解决再就业问题。方竹兰（1999）分析了中关村企业的两个产权难题，即人力资本所有者拥有企业所有权和集体所有制经济的财产是否可分及能否实行的问题，并根据人力资本产权理论找到答案，即它们都是可以实现的。王海峰（1999）认为人力资本作为现实生产生活中有生命的劳动力资源，应该得到产权分配，将人力资本化并参与到企业产权安排中是可行的和必要的。

（3）人力资本运营研究

人力资本运营是我国人力资本理论应用研究中在人力资本投资外的又一个实践领域的拓展。我国学者刘翌（1997）主要研究了西方企业家人力资本特点和在实际开发利用中的理论与实践，提出了基于企业家人力资本的企业内外制度安排。李革森（1998）认为要使国有企业出现根本转机，必须确保具有企业家才能的人控制企业，实现人力资本的产权。其主要途径有两点：在企业外部建立企业家的队伍和市场，在企业内部建立择优选择企业家的机制。刘建琼（1998）通过湖南人力资本战略来例证人力资本运营的必要性、必然性和现实性。冯子标（1999）认为人力资本对再就业工程具有重要意义，通过人力资本运营的论述得出结论：再就业需要失业者转变思想观念，正确认识自身的人力资本，树立良好的择业观，积极寻求自我能力的提高，积累人力资本，拓展人力资本运营的范围，国家和地区也要出台相应的政策等提供人力资本运营的环境和条件。同年，冯子标与焦斌龙在《管理世界》上发表文章，从人力资本的流通和人力资本的分配角度阐述了人力资本运营体系。

（4）人力资本产权研究

20世纪末期，关于人力资本产权的研究逐渐被我国学者关注，随着学术界对人力资本理论和人力资本对经济社会各个方面作用的深入研究，逐渐发现了一些问题，问题的根源就在于人力资本产权矛盾。人力资本与其他资本有着本质的区别，人力资本存在于人体之内，它与人力资本所有者的关系不同于其他物质资本，它受到承载人力资本的个人的意志等因素影响。李振铎（1998）认为人力资本产权是人力资本的所有关系、占有关系、支配关系、利益关系和处置关系，即存在于人体之内，具有经济价值的知识、健康、技能、水平等所有权。人力资本产权的特殊性使得人力资本载体的意志行为对人力资本产权产生影响，引发人力资本使用者和所有者之间的矛盾。为了调和这种不和谐因素，必须从人力资本产权关系与福利、功利、收益及机制和环境方面加以改善。冯海仓（1998）认为我国国有企业经营者明晰人力资本产权需要转变观念、改革企业的人事制度，完善人才市场和采取合理的报酬激励机制。宋冬林、金成晓（1998）指出企业并购是否能成功，不仅取决于非人力资本的有效配置，也取决于人力资本的重组效率；在人力资本优化组合的时候需要关注并购双方的利益体，善用专业管理才能的员工，做必要的人事调整，加强整合后企业员工的沟通并调动其工作积极性。

2.1.3.3　第三阶段：2000—2017年

进入21世纪，我国人力资本理论研究已经进入成熟阶段的初期，这一阶段主要表现在人力资本理论承接了第二阶段的人力资本投资、运营和管理等内容，同时又从人力资本理论的纵向和横向两个方面更深入地进行研究。这时最突出的有两个方面：一是农业、农村、农民方面的人力资本问题研究；二是人力资本测度问题研究，以期量化人力资本投入、产出等方面，能够对实际的社会经济生活起到具体实施和指导作用。

（1）"三农"人力资本研究

薛国琴（2001）认为需加快农村人力资本投资，从思想上端正认识，从教育上加大投资力度，从农业生产上进行专业化分工，从地域分布上转移农村劳动力。何景熙（2002）认为当前正处在转型期，"三农"问题的症结就在于农村人口和大量富足劳动力相对有限，农业人力资源不能充分就业；建议启动"农村人力资源开发工程"，即由中央直接负责农村的义务教育，完善农村合作医疗站，继续推行农村计划生育政策和通过法规政策等保障农村人力资本投资公平。贾小玫、刘霞（2005）论证城乡收入差距和农村人力资本投资关系，认为城乡收入差距进一步扩大会给整个社会带来隐患，通过剖析城乡收入差距的原因，提出缩小城乡收入差距对策如下：向农村人力资本投资倾斜，改善教育支出结构现状，农民工进城务工和返乡务工双向提高农民素质。唐卫东、周波、苏昌平（2006）从经济学角度分析农村教育投资与农村人力资本，阐述了人力资本供求关系的非均衡性和投资收益的不对称性，提出要大力发展农村教育，促进农村人力资本存量。殷红霞（2017）认为，农民个人素质的提高是建设新农村的必要保证，因此，营造农村人力资本投资的环境和出台配套的政策能够充分发挥农民在社会主义新农村建设中的主体地位。余蕾（2009）认为农村人力资本投资不仅要重视积累，更要关注投资效率，强调农村人力资本投资需要有相关制度建设和完善，只有当相关制度和农村人力资本的投资相匹配，才能突破农村经济增长的瓶颈，更好地发挥农村人力资本的作用。王晓婷、陆迁、李耀华（2009）认为人力资本是经济增长中公认的动力源，农村经济的发展必然与农村人力资本存量有着密切关系，从农民自身人力资本投资来看，我国各省之间的农村劳动力对人力资本投资分布较为合理，由于受地理区位影响，交通、通信等情况存在差异，但随着整体经济的发展，这种农村人力资本投资的地区差异将会结构性分解。

（2）人力资本计测方法研究

宋良荣、徐福缘（2002）首先在研究人力资本的经济价值的基础上，建立了训练投资模型、教育投资模型及流动投资模型，指出人力资本收入能力受到正规教育投资、迁移与流动投资和在职培训投资的影响，并得出个人未来收入能力与其人力资本现时存量之间存在正相关性。在模型的构建过程中，定义了积累函数和贴现函数，采用货币时间价值即现值概念去计算投资收益。林凤、陈翔宇、张国、张太海（2015）指出，按照经营者薪酬结构，可以用工资、奖金、股票和股票期权的增量现值和来表示，采用确定性等价方法对人力资本进行定价，计算出经营者激励薪酬水平，比较企业经营者薪酬的现有水平，进行合理的调整以达到最佳激励效果。张利飞、曾德明、陈世平（2015）研发了人力资本模型，用来实现研发人力资本投资风险的分离、预警与控制。主要的步骤有：首先，建立了软件企业研发人力资本投资风险总体情况的指标体系，包括研发人员的 10 项指标、研发团队的 10 项指标和软件企业的 15 项指标；其次，运用经优化调整的新型递推学习算法和改进型中心调整算法，实现研发人力资本投资风险警兆指标变量非线性（pivot element）的识别；再次，运用基于 alman 滤波方法的快速学习算法获得软件企业在没有研发人力资本投资风险情况下应该达到的警兆指标基准得分；最后在发现偏差基础上采取有针对性的控制措施。祝树金、许和连、赖明勇（2006）建立了一个开放经济模式下的 Lucas 模型（内生增长模型），对经济增长进行多重均衡分析，并选取我国 1972—2002 年的经济时间序列数据进行实证，得出结论：人力资本发展与经济增长间确实存在多重均衡关系。

郇烈岚、任浩（2007）采用系统动力学与博弈论思想对企业人力资本定价，建立了人力资本定价对企业合约牢固度影响的系统动力学模型，定价遵循 Win-Win 原则、间接—多次—动态原则、鼓励再投资原则，最后得出结论：当且仅当定价使人力资本与非人力资本对投资收益率双满意时，企业的合约才能稳定牢固。邵宇开、白庆华、王烷尘（2009）运用人力资本匹配基准和相应指标计算并得出实证结论：虽然我国的劳动力资源比较丰富，但整体人力资本水平很低，且人力资本分配不均，造成了劳动力过剩和人力资本不足的结构性矛盾，针对我国各区域地理区位差异，建议加强区域人力资本累积，结合区域特点确保人力资本累积与产业发展的协同效应的发挥。郑彩祥（2009）研究人力资本对收入分配的影响，将其嵌入新古典经济增长理论框架中，把劳动力市场分为技术工人与非技术工人两个不同的市场，其中前者需要人力资本投资，且工人可以从人力资本投资和物质资本投资两种途径达到个体最大收入值。研究表明：在社会福利实现最大化均衡增长路径上，收入分配不平等情况依然存在，且数值为常数；达到均衡点时人力资本投资收益率与非人力资本投资收益率相等，且对可实现人力资本投资或非人力资本投资的工人来说，这两者投资是无差异的；可进行双向投资的工人，他们根据技术工人与非技术工人相对工资的起伏走势及人力资本与非人力资本投资的相对收益率的变动趋势，在技术工人市场和非技术工人市场之间流动。

2.1.4　国内外人力资本理论比较研究

从人力资本国内外研究的历程来看，它以人力资本理论本质的主线为轴呈扩散状态。特别是我国的人力资本理论研究过程更能体现这一点。由于我国人力资本理论的研究起步较晚，真正开始研究的历史较短，因此，它的理论发展类似于一些其他学科的轨迹，纯粹的理论研究派并不占主导，而是人力资本理论的应用随着社会经济的发展成为主流趋势。

2.1.4.1　我国人力资本理论研究的特点

20世纪80年代以前，我国的人力资本理论处于引入、学习、消化、模仿阶段，相关的研究并没有规模性地展开。一方面由于国内外的学术交流不频繁，国内人力资本存量在学术研究的各个领域呈现缺乏状态，导致20世纪80年代以前的人力资本研究的增速比较缓慢；另一方面由于国内对人力资本的合理性和所具有的作用、意义存在分歧，矛盾主要集中在人力资源是否应该资本化问题上，大多数学者都持反对意见，认为人力资源不能资本化，这和物质资本化是有本质的区别的。因此，当时的人力资本理论的研究仅仅停留在西方人力资本理论的介绍阶段，可查的文献仅有几十篇，多数以译作和简短陈述为主。

20世纪90年代，我国的人力资本理论方面的研究进入快速成长阶段，不仅在人力资本理论的纵向上有了更深入的学习和探索，在应用领域也呈现出百花齐放的景象。同时，随着我国九年义务教育的普及和对教育重要性的强调，我国的人力资本理论的研究在 90 年代与 80 年代之间有一个承接效应，90 年代初期仍然以理论的引进为主，主要是对西方人力资本理论的深入研讨；90 年代的中后期，逐渐开始转为以应用型研究为主，出现了人力资本投资、人力资本营运和人力资本产权等几大主要问题的研究和模式的探讨。

21 世纪初期，我国人力资本理论的应用研究除了承接 20 世纪末的人力资本投资、营运和产权问题的继续研究外，更加细化了研究领域的问题，如城市人力资本投资、区域人力资本投资、农村人力资本投资、企业人力资本产权、企业家人力资本产权及人力资本投资、产权与相关问题的关系研究等，这说明我国人力资本理论的应用研究已经开始向更加便于指导实践的方向发展。同时，近些年人力资本理论研究也和热点问题相联系，学者们纷纷用人力资本理论去分析和解决诸如"三农"问题、"就业与再就业"问题及"科技创新"问题等。另外，理论指导实践的具体应用不能仅仅停留在定性的描述和分析上，在实践中更多时候需要硬性指标的测评，这样才能更加直观，更易于发现实际存在的问题并有针对性地解决。基于定量方法的考虑，我国学者也在人力资本理论应用领域构建了不同的模型，并给出了各自不同的计测公式进行推导演算，有些模型推导出了非常好的结论，可以供实践时参考和借鉴，有些模型就是针对社会生活的某些领域，同时通过模型的计算可以直接得出具体问题的具体解释，并且根据其结果有的放矢地采取必要的措施，对发现的问题加以解决。

2.1.4.2 我国人力资本理论研究的不足

我国历史源远流长，在自然科学和社会科学方面都留下了很多文化瑰宝，人力资本理论雏形也可以在我国历史丛书中略见一二。然而，将人力资本理论作为一个科学系统来统筹研究，在我国的研究基础还比较薄弱，即对人力资本理论的研究时间比较短，基本上属于"拿来主义"的运用，并没有对其理论层面从根上进行深度挖掘和研究。从可查的文献资料的研究方向和科研成果的产出数量上可以看出，我国人力资本理论重在应用。当然，不是说理论和实践的联系太多或太偏重应用不好，理论就是从社会生活中提取和进行科学、系统的研究后再返回到社会生活中进行检验并指导实践的，而是说在理论的研究不深入、不细致的情况下跃进式地进行具有实践意义的应用研究，可能出来的结果不能充分发挥人力资本理论最大化的作用。

基于以上对我国人力资本理论研究中存在的不足，笔者首先将从人力资本理论的本质出发，即人力资本的承载体是人，它涉及的是人身上固有的或者后天成长过程中累积的知识、技能、资历、经验和熟练程度等人的综合素质并且在人的意识能动性的指引下利用这种资本进行社会生产和服务，使人力资本在社会生产过程中创造经济价值。同时，人力资本作为一种资本投入生产中取得回报、回馈，从而激励承载体发挥更大主观能动性进行人力资本的积累并投入社会的再生产过程中。其次，找到人力资本最自然、最原始的状态，模拟自然生态系统的循环，将人力资本同其载体（人）放回到自然生态中，从人的基本特征、社会特征和经济特征等方面进行仿生的定性和定量描述，研究在一个生态系统中，人力资本在载体的形体下如何找到自己的定位（生态位）、拓展领域（生态宽度）、适应竞争强度（生态重叠度），获得最优发展空间（生态优势度）及人力资本所在的区域性环境（生态系统）中提供的软、硬件配套设施（生境）和相应的法规、制度（自然法则）与人力资本的各个维度的协同关系。最后，本书研究的是浙江高新区科技人力资本生态拟合度，它也是人力资本在社会生活中的应用性研究，同样具有理论联系实践的指导意义。

2.2 人力资本概念的界定

2.2.1 人力资本的定义

人力资本思想的产生有着悠久的历史，但是正式给人力资本下定义却始于20世纪五六十年代。美国著名经济学家西奥多·W. 舒尔茨于1960年的演说《人力资本投资》中提出了人力资本的定义。其主要内容包括4点：（1）人力资本体现在人的身上，表现为人的知识、技能、资历、经验和熟练程度等，总之表现为人的能力和素质；（2）在人的素质既定的条件下，人力资本可表现为从事工作的总人数及劳动市场上的总工作时间；（3）人的能力和素质是通过人力资本投资获得的，因此，人力资本又可以理解为是对人力的投资而形成的资本，以货币形态看，它表现为提高人力的各项开支，主要有保健支出、学校教育和在职教育支出、劳动力迁移的支出等；（4）既然人力是一种资本，那么无论是个人还是社会对其进行投资，都必然会受益。从这个意义上讲，人力资本的大小、高低也可表现在人力所有者——劳动者的收入上。舒尔茨对人力资本的定义涉及人力资本的载体、表象、产生和动力等，是对人力资本最经典的概述。西方学者在舒尔茨的定义上又做了补充和完善。如美国经济学家迈克尔·P.托达罗（Michael P. Todaro）提出：人力资本是体现在人身上的生产性投资，包括技能、能力、观念、健康等，由此而导致在教育、在职训练计划、医疗保健方面的费用。英国经济学家马克·布劳格（Mark Blaug）的人力资本定义是：人力资本是人们技能中的过去投资的现值。现代西方经济学主流的人力资本定义是：人力资本是体现在人身上的技能和生产知识的存量。美国经济学家约瑟夫·斯蒂格利茨（Joseph Stieglitzy）认为，人力资本是使工人生产能力得到提高的那些后天培养的技能和经验积累，是预期未来工资的贴现值，是由教育上的投资而产生的一种资本。美国经济学家保罗·A.萨缪尔森（Paul A. Samuelson）和威廉·D.诺德豪斯（William D. Nordhaus）认为，人力资本是人们在其教育和培训过程中积累起来的有用的和有价值的知识。

我国学者对人力资本定义给出了不同的诠释。李建民将人力资本定义分为个体和群体两种类型：在个体中，人力资本是存在于人体之中、后天获得的具有经济价值的知识、技术、能力和健康等质量因素之和；在群体中，人力资本是存在于一个国家或地区人口群体的每一个人体之中的，后天获得的具有经济价值的知识、技术、能力及健康等质量因素之和。冯子标将人力资本分成内生和外生两种：从内生看，人力资本是由劳动力在一定条件下转化而来的；从外生看，人力资本是投资的产物，它是在知识、技术、信息与能力同劳动力分离成为独立的商品，且在市场交换中起主导作用的条件下的高级劳动力，它主要由知识、技术与信息组成。李忠民则将人力资本看作一种价值，他认为：人力资本是凝结在人体内，能够物化于商品或服务、增加商品或服务的效用，并以此分享收益的价值。

综合以上观点，并结合本书的内容和要解决的问题，笔者对人力资本做以下定义：（1）本书的人力资本研究内容主要涉及群体性的人力资本，它反映的是一个特定区域——高新区人力资本的总体特征，在本书的研究对象中，即使细化也只是针对高新区这个特定区域的人力资本本身的结构分层研究，因此，它不涉及人力资本个体的独特性，这样有利于高新区大系统对共性问题提供更高效的解决方案；（2）本书的人力资本研究的对象是科技人力资本，即在高新科技园区的企业中从事与高新技术有关的工作人员，它不涉及人力资本的萌芽成长、教育、培养的问题，对于人力资本投资仅限于进入高新区工作以后的在职培训和业务交流学习的投入，因此，本书的人力资本研究是针对特殊时段的，即人力资本发展至成熟的特征性研究；（3）本书的人力资本研究结合了生态学原理，运用仿生学的计测公式和手段，挖掘高新区科技人力资本在高新区的生态系统内如何按照"自然法则"和"社会法则"来进行人力资本的资源配置和利用，才能达到最佳运作模式。因此，本书的人力资本研究将针对人本理论，剥离人的社会价值层面的意义，研究人的知识、技能、资历、经验和熟练程度等人的能力和素质在生产中的存量的作用，以及人内在的能动作用和所处环境的利导作用之间的关系。

2.2.2 人力资本的特征

人力资本是一种无形的资本形态，要想真正理解人力资本的含义并在社会生产中合理应用和激发人力资本承载体的主观能动性，使人力资本的功能、作用和贡献最大化，就必须深刻分析人力资本的习性，即人力资本所具有的特征。人力资本的特征从其显性因素、承载体因素、外在作用力的实施内质、作用力的弹性空间等可归纳为以下几个方面。

2.2.2.1 人力资本与人的共生性

人力资本是人在处理事情、解决问题、完成任务时具有的各方面能力和综合素质，它表现为"寄居"在人体内的知识、技能、经验等的集合。这种特殊的资本与人力可以视为共生体，它们之间具有互为依存、互为辅助的关系。一方面，人力资本是自然人能够立足在社会某一领域并繁衍生息的必要条件，自然人通过依附在其上的人力资本，以直接或间接的方式获得自身生存所需的衣、食、住、用、行等物质保障；另一方面，人是人力资本的充分条件，人力资本是通过人而存在的，它随人的生命周期的各个阶段的变化而变化，也随人的意志等因素的作用而改变。人在婴幼儿时期的人力资本属于自发的积累的过程，人的意志和所处的环境等会影响人力资本积累的深度和广度，同时，也在一定程度上影响着人力资本在社会经济中发挥作用的大小程度。

2.2.2.2 人力资本的融而不合性

人力资本是一种可递增资本，它随着外界力量对其承载体的作用力和反作用力而有质和量的改变。处在相同外界力量影响下的人力资本的增质和增量呈现出趋同效应。由于人力资本的承载体——人的生命周期的特点和生命的有限性，人力资本的广度和深度都受到限制，同时优势人力资本的发展需要共同的基础人力资本的积淀，即人在步入专业技能的学习以前，需要基础积累——小学教育、初中教育和高中教育等基础性教育或者学徒式教育等根基性学习。可以说，人力资本在最初的形成与初级发展阶段，不同载体的人力资本是相互融合的，在它们的生存领域是同质性无限的延伸，然而，一旦人力资本积累到一定程度，开始服务社会的时候，由于社会经济的各个领域是一种链条式的生产运作形式，各个环节之间不仅有横向排列也有纵向排列，即社会化大生产分工导致同质人力资本的数量是有限的，而且供给同质人力资本的资源是有限的，同质人力资本在同一岗位，如果载体人的数量过多，必然造成人力资本的重叠和人力资本的浪费。因此，人力资本具有先期积累相融性，以及后期资本运作受到可利用资源有限性限制的不合性。

2.2.2.3 人力资本的定位可塑性

人力资本是人所具有的能力的外在体现，它不仅能够在承载体（人）的生活和工作经历中不断增加和积累，而且能够通过其承载体（人）接受在职培训和自我"充电"等途径来针对某一方面进行专业知识的积累、新技能的掌握和新经验的获得等，从而在延续人力资本的原方向基础上逐步纵深发展，或者转移人力资本方向进行拓宽。可见，人力资本可以根据承载体（人）对当前形势的判断、对现在和未来的发展的规划、对理想和目标的修正等来改变现实中的一部分状态，构建一个新的适合发展的状态。在这个构建过程中，人力资本也相应地增加了它的能动积累，再定位的同时也塑造了人力资本新的内涵意义，而且更重要的是人力资本的定位可塑性适应社会经济的发展，满足社会生产关系的需要，优化配置资源并充分发挥包括人力资本、物质资本在内的社会生产资料的作用。

2.2.2.4 人力资本的适应可变性

人力资本的适应性是指它能根据现实的需要，通过承载体（人）的学习来不断补充和完善已有的但不能达到即时要求的资本存量，人力资本的适应性也说明了人的主观能动性可以在生活和工作中实现积极的正向促进作用，这也印证了人类社会历史不断向前发展的原动力来源于承载体（人）及人力资本的适应性。人力资本的适应性和其可变性是分不开的。人力资本的可变性是双向的，它可以不断增加，也可以不断减少。区域人力资本分布不均就是一个明显的例子。在我国偏远地区，由于经济落后、交通闭塞、观念落后等不利因素的影响，首先，外界人力资本投资的作用不大，教育投资、职业培训等有利于人力资本积累的方式不能引入；其次，由于交通、通信等的闭塞，造成了与外界接触交流较少，知识更新滞后，科学文化技术水平较低；最后，由于承载体（人）的主观能动性不高，思想落后，不寻求自我提高和进步，这些都会导致人力资本存量的减少。

2.2.2.5 人力资本的无形难测性

人力资本是没有具体形态的资本，这一点与物质资本有着本质的区别，人们很难直接观测出一个承载体（人）所具有的人力资本存量。一般来讲，人力资本的质和量是通过职业测评、职称评定、工作履历、实际操作等侧面进行反映的。然而，现实中存在两个问题，使这种人力资本的计测不能完全反映其真正的存量：一方面，存量不仅仅是已经拥有的知识、经验、职称等，还应包括人力资本的潜在存量，比如承载体（人）的专才、天赋、意志等精神层面可发挥作用的人力资本存量，即未来人力资本发展的空间；另一方面，现存的人力资本评定办法具有片面性和不完备性及近因效应等影响，很难准确地量度人力资本的质与量，特别是对于非技术性、无社会常用的技术等级鉴定的人力资本，诸如创业类、管理类、策划类的人力资本则更难计量。

2.2.3 人力资本的类别

人力资本是人的知识、经验、技能等综合能力的统称，由于每个人的生长环境、受教育背景、所处行业、工作经历等都不相同，其人力资本存量相差甚远，人力资本的各项能力水平参差不齐，不同人力资本在不同领域，其功能作用的发挥也不尽相同。"适才而用、人尽其才"是当前社会系统应该对不同性质的人力资本所采取的最佳策略，通过区分不同的人力资本属性将有限的资源进行最优配置。当前国际经济实力的竞争，归根到底就是人才的竞争，就是所用的人力资本存量的比拼，给予不同人力资本以适当的发展空间、适当的基础设施配置、适当的人力资本投资平台、适当的人力资本流动渠道、适当的人力资本承载体的生存环境，让人力资本迅速有效地转化为生产力，增加人力资本存量，是至关重要的。因此，为了更好地研究人力资本实际具体的特性，必须对人力资本进行分类。人力资本从不同的角度可以划分为很多类，笔者综合当前学者的观点，将人力资本按以下标准进行划分。

2.2.3.1 按照人力资本形成来划分

按照人力资本形成的不同，将其分为教育资本、健康资本、技术与知识资本、迁移与流动资本四类。教育资本是指通过幼儿教育、小学教育、中学教育而获得的基础人力资本，它是一种基础的能力资本，是获得其他形式的人力资本的基本保证；健康资本则通过营养、保健、医疗、锻炼、休息等途径而获得，它是其他形式人力资本存在与有效运作的前提保证。技术与知识资本则是人力资本的核心，它是指一个人所具有的可直接转化为生产力的人力资本，通过专业研习、在职培训及工作经历等途径而取得。迁移与流动资本则是一种资源优化配置资本，人力资本承载体通过工作地点、工作岗位、工作级别的变迁而达到较适合人力资本发挥效用的状态。

2.2.3.2 按照人力资本投资的不同来划分

按照人力资本投资不同，可将人力资本分为教育人力资本和培训人力资本。教育人力资本指一个人就业之前社会、家庭和个人为其支付的教育费；培训人力资本指一个人就业之后社会、企业、组织、家庭和个人为其支付的培训费用。

2.2.3.3 按照能力来划分

按照舒尔茨认为的具有经济价值的人类能力（学习能力、完成有意义工作的能力、进行文娱体育活动的能力、创造力和应付非均衡的能力）的不同，可将人力资本分为初级人力资本和高级人力资本。初级人力资本指健康人的体力、经验、生产知识和技能；高级人力资本指人的天赋、才能和被源源不断发掘的潜能的集中体现，即智慧。

2.2.3.4 按照人力资本使用领域来划分

按照人力资本使用的领域不同，可将人力资本分为生产型人力资本、管理型人力资本、科技型人力资本、企业家型人力资本。生产型人力资本具有普通操作能力和基础性知识存量，主要从事生产程序性的人力资本，由于工作性质是事先设定好的、程序化的，不需要有很多的创造性，因此属于一般性人力资本；管理型人力资本是从事管理类工作，能在既定资源条件下实现各种资源优化配置、整合、协调的人力资本；科技型人力资本是从事科学研究、科技创新的人力资本，具有某项特殊技能；企业家人力资本是从事创业活动、处于主观能动支配地位的人力资本，能够在存有风险的经济环境中处理问题、解决问题，并能有效配置资源，创造经济价值的人力资本。

2.2.4 人力资本与人力资源研究

人力资源和人力资本的管理观念都是产生于美国的经济、管理学成果。与许多经济、管理学上的方法和概念一样，人力资源和人力资本还没到最终区分出孰优孰劣的时候，甚至这可能根本就不成为一个问题。它们各有适用的环境，同时也在某些方面表现出显著的差别。人力资源和人力资本是以人为基础而产生的概念，研究的对象都是人所具有的脑力和体力，从这一点看两者是一致的。而且，现代人力资源管理理论大多都是以人力资本理论为根据的；人力资本理论是人力资源管理理论的重点内容和基础部分；人力资源经济活动及其收益的核算是基于人力资本理论进行的；两者都是在研究人力作为生产要素在经济增长和经济发展中的重要作用时产生的。

人力资源将人力作为财富的源泉，从人的潜能与财富的关系来研究人的问题。而人力资本将人力作为投资对象，作为财富的一部分，从投入与收益的关系来研究人的问题。人力资源包括自然性人力资源和资本性人力资源。自然性人力资源是指未经任何开发的遗传素质与个体；资本性人力资源是指经过教育、培训、健康与迁移等投资而形成的人力资源。人力资本是指所投入的物质资本在人身上所凝结的人力资源，是可以投入经济活动并带来新价值的资本性人力资源。人力资本存在于人力资源之中。

2.2.4.1 人力资本与人力资源的区别

首先，在与社会财富和社会价值的关系上，两者是不同的。人力资本是由投资而形成的，强调以某种代价而获得的能力或技能的价值，投资的代价可在提高生产力过程中以更大的收益收回。因此劳动者将自己拥有的脑力和体力投入生产过程中参与价值创造，并据此来获取相应的劳动报酬和经济利益，它与社会价值的关系应当说是一种由因索果的关系。而人力资源则不同，作为一种资源，劳动者拥有的脑力和体力对价值的创造起着重要贡献，人力资源强调人力作为生产要素在生产过程中的生产力、创造能力，它在生产过程中可以创造产品、创造财富，促进经济发展。它与社会价值的关系应当说是一种由果溯因的关系。

其次，两者研究问题的角度和关注的重点也不同。人力资本是通过投资形成的存在于人体中的资本形式，是形成人的脑力和体力的物质资本在人身上的价值凝结，是从成本收益的角度来研究人在经济增长中的作用，它强调投资付出的代价及其回报，考虑投资成本及带来多少价值，研究的是价值增值的速度和幅度，关注的重点是收益问题，即投资能否带来收益及带来多少收益的问题。人力资源则不同，它将人作为财富的来源来看待，是从投入产出的角度来研究人对经济发展的作用，关注的重点是产出问题，即人力资源对经济发展的贡献有多大，对经济发展的推动力有多强。

最后，人力资源和人力资本的计量形式不同。众所周知，资源是存量的概念，而资本则兼有存量和流量的概念，人力资源和人力资本也同样如此。人力资源是指一定时间、一定空间内人所具有的对价值创造起贡献作用并且能够被组织所利用的体力和脑力的总和。而人力资本，如果从生产活动的角度看，往往是与流量核算相联系的，表现为经验的不断积累、技能的不断增进、产出量的不断变化和体能的不断损耗；如果从投资活动的角度看，没有与存量核算相联系，表现为投入教育培训、迁移和健康等方面的资本在人身上的凝结。

2.2.4.2 人力资源与人力资本的联系

管理学每一次理论上的突破都向着更加人性的方向迈出一步。管理学的人性假设从"经济人"发展为"社会人"，进而到"复杂人"，其发展自始至终贯穿着一根金线，那就是每一次理论上的突破都向着更加人性化的方向迈出一步，体现出对人的权利和尊严的尊重。管理学这种对人权的追随并非是一种偶然，因为它不同于自然科学对自然的发现和解释，而是基于对社会变化的解释。作为社会科学的一部分，管理学内含的价值观必然是社会价值观的一部分，并与整体的发展方向相一致。

人力资源的概念正是在这个背景下产生并发展的。它首先在西方得到阐释和应用，然后传播到新兴地区和发展中地区。即使在国内，也是存在于一些市场化程度较高的地区。人力资源的理念承认人力不仅仅是一项成本，其本身就具有价值，而且，其作为价值的意义远远大于作为成本的意义。

在承认人的价值上，它实现了具有历史意义的突破；但在对人力的开发利用上，它保持了人作为纯粹的、物化了的管理对象的不幸地位。

人力资本的出现则在很大程度上改善了这一现象。在实物资本的范畴内，股东通过向企业注入资本，完成了财产所有权向股东权益的转换，并赢得"老板式"的尊重。人力资本也是相似的，它使人向着更受尊重的方向迈出了一大步，而且，虽然它并不能换得真正的股东权益，但有时确实能得到类似于股东权益的东西，比如期权。

　　这些现象表明，企业的确在考虑人的价值和潜在价值（或者说人的现有价值和长远价值），并以实物资本的形式做出衡量。人力资本概念隐喻着人的价值、人的付出和所得都将被纳入企业核算和考虑的范畴内。在这种环境下，人不再是纯粹的被管理对象，而在整体上真正成了企业的一部分。

　　人力资源与人力资本之间的区别首先在于将人力视作资源还是资本。当企业将人力视为外部的资源时，它不会有动力去考虑员工在为企业做出贡献时所付出的时间和精力成本。在工薪基本为常数的情况下，只要满足该员工的边际贡献大于零这个条件即可。从理论上说，企业有足够正当的经济学理由，为了追求最后一分钱的经济利益而忽略员工"过劳死"的可能性。

　　这种机制的弊端是显而易见的。对社会整体而言，这些发生在员工身上的成本并没有完全显示在企业经理心中的会计账本上，企业对人力的使用有只考虑显性成本（工薪）而不计隐性成本（员工的额外付出）的倾向，这是给社会总资源带来的第一重浪费；而员工额外付出的很大一部分成本（比如健康损耗）转移到社会福利的户头来支付。社会福利作为一种公共支出，它的使用效率必然是偏低的，这是给社会总资源带来的第二重浪费。

　　人力的身份从资源到资本的转化可以使这种"外部性"经济行为相应地转变为"内部性"的经济行为。一个常见的、已经完成了这种转化的现象是，企业的高层经理除了有更高的收入以外，还享有一系列的福利，诸如舒适的办公室、车辆和更长的带薪假期等。一个企业付出这笔开销，除了排场上的考虑外，也是为了能够给高级经理提供更好的放松和休闲条件，使他们在繁重的工作之后能够尽快恢复精力。将公司高级经理的精力损耗作为企业的隐性成本加以考虑，无疑是符合企业利益的明智之举。

　　因此，企业的高级经理或技术骨干更加明显地带有资本的特点，常常作为人力资本概念的现实表现。因此，许多人认为人力资本只包括企业的精英员工。但如果仅仅把这些企业的精英作为人力资本而将普通员工划在此范畴之外，是不能让人信服的。首先，一个员工对于企业的重要性是不能量化考评的，以一个完全主观的标准来衡量企业的存量资本，不具有可操作性和实践意义；其次，以对企业的重要性作为资本的身份标准也是不恰当的。一个订书机和一座厂房对企业的重要性的差别是不言而喻的，但它们作为资本的性质却是相同的。如果承认这一点的话，也应该承认企业的普通员工和精英员工共同属于企业的人力资本，即便他们的重要性完全不具可比性。

将人力从企业的外部性资源转化为内部性资本，对宏观层面上的社会资源配置是有益的。它表现在对前述两个弊端的克服上，首先，企业会更加集约化地使用劳动力，避免不必要的人力浪费；其次，企业对人力成本的内部消化比用社会公共支出来消化要经济得多。

在宏观层面上优化资源的同时，在企业的微观层面会带来什么结果呢？无疑，直接的影响是会增加企业的经营成本。这基本上是对的，但某一种情况下却可能出现例外，即在人力稀缺、非人力资本富余的经济环境下（比如富国或高新技术产业），企业花费更高的代价购入人力资本将有可能获得比它的对手更强的竞争力。对这种环境下的企业而言，开源比节流的意义大得多，与产品的高附加值相比，其成本甚至是可以忽略不计的。

2.2.5 人力资本与知识资本研究

知识资本是指依附于承载体上的知识或信息含量，它的产生能够为所有者带来收益的知识，这种知识可以有实物的承载体，比如软件等，也可能不依附特定实物的承载体，比如企业拥有的专利技术。

人力资本与知识资本的共同点都是具有投资收益性，它们具有资本的共性特点，都是社会资本的组成部分。两者的不同之处在于：一是人力资本必须依附于承载体而存在，它的所有者和投资者的产权是分离的；知识资本则可以依附于承载体，也可以不依附于承载体而存在，它可以进行交易，所以知识资本的所有者和投资者的产权可以合二为一。二是人力资本是无形的，对企业的价值确切值是无法估量的，在企业的账务上只表现为人力资本的投资，诸如应付工资、应付福利、管理费用等；知识资本在物理形式上是无形的，但是其价值却是有形的，表现在会计账务上不仅能反映资本投资的费用，对其资本的价值也有相应的反映，如无形资产等。三是人力资本的投资和收益在时间上可以分段进行，也可以同时进行，比如人力资本早期的教育投资积累和工作过程的收益在时间上是断开的，但是人力资本的工作经历和经验的累积是在工作中不断投资并不断得到回报的；知识资本的投资和收益周期是分离的，先期的生产或创造过程中是完全的投资，而且有风险，投资不一定会有回报，如果投资研发成功，则具有知识资本巨大的市场经济价值，后期就进入投资的收益期。

2.2.6　人力资本与物质资本研究

物质资本是在一定时期内积累起来的资本，是用于生产其他消费资料或生产资料的耐用品，体现为外在有形的物质形态，如生产设备、配套实施、物资原料等。

人力资本与物质资本都是社会生产中的必要条件，两者的结合能够生产社会运作的生活资料和生产资料，说明物质资本与人力资本是相互联系的，然而，人力资本与物质资本又在形态上和特点上具有明显的差异。它们之间的联系与区别具体表现在以下方面。

2.2.6.1　人力资本与物质资本的联系

人力资本与物质资本的联系表现在：一是人力资本与物质资本都是投资形成的社会资本形式，人力资本与物质资本的使用者都拥有与投资相应的产权；二是人力资本与物质资本作为资本，都试图用某种手段或方式去量度它的质与量，比如人力资本通过考试等方式对知识、技能进行测评，物质资本因为有实际形态，相对于无形的人力资本，测度更简单；三是人力资本和物质资本具有投资收益效应，而且无论是人力资本还是物质资本的投资回收都不是立竿见影的，而是表现为一种长期效应。

2.2.6.2　人力资本与物质资本的区别

人力资本与物质资本的区别在于：一是产权差别，由于人力资本依附承载体（人）而存在，人力资本与其所有者无法分割，导致人力资本所有者和投资者不是一个主体，投资者不具有人力资本的所有权，也不具有人力资本的处置权；物质资本可以在买卖交易过程中使物质资本的所有者和使用者合二为一，物质资本的投资者拥有物质资本的产权并具有该物质资本的处置权。二是资本存量增加方式的差异，人力资本存量的增加是一个循序渐进、逐级投资的过程，诸如，教育投资的逐级投资，在职培训的由低级向高级培训，工作经历同样随着工作年限和相同或类似工作岗位的工作广度和深度等变得丰富；物质资本的投资则不具有明显的递进和方向性，诸如，设备的投资可以根据需要购进生产设备，也可以直接引进国内外高精尖的先进设备。三是投资周期和收益周期的区别，人力资本在职培训后存量有一定的增加，同时人力资本在工作过程中一边创造经济价值回报给企业，一边又通过在岗学习和经验的积累继续进行人力资本的投资，人力资本投资周期和收益周期是交替并行的；物质资本的投资周期和回收周期是分离的，当进行一次性或分期物质资本投资后，物质资本达到生产状态后投入生产即进入了收益周期，此时的投资周期即结束。

2.3 区域创新理论

"创新"是本研究的一个重要的关键词。按照奥地利著名经济学家约瑟夫·阿洛伊斯·熊彼特（Joseph Alois Schumpeter, 1883—1950）1926 年在《经济发展理论》中对创新的最原始解释，创新就是建立一种新的生产函数，就是把一种从来没有过的关于生产要素和生产条件的新组合引入生产体系，就是生产手段的新组合。熊彼特的创新理论可以用"发明—创新—扩散"模型来概括，即创新始于发明创造，而创新的示范作用，必然引起全社会范围内大面积的技术扩散，从而导致全社会经济的高质量增长。为了研究高新技术产业开发区人力资本及其创新绩效，本研究运用区域创新理论，进行了高新区创新绩效及其评价研究，以及高新区人力资本对创新绩效影响的机理探索和实证研究。

2.3.1 区域创新

2.3.1.1 科技创新的含义

熊彼特所界定的经济学理论意义上的"创新"概念是指，把一种新的生产要素和生产条件的新组合引入生产体系，诸如新产品的引入、新生产方法的采用、新市场的开辟、原材料或半成品的新来源、新的工业组织的实现。这种创新不限于技术创新，还包括非技术性变化的组织创新。20 世纪 60 年代，美国经济学家华尔特·惠特曼·罗斯托（Walt Whltman Rostow, 1916—2003）的国家经济起飞六阶段理论，突出了技术创新在创新中的主导地位。1982 年，学者克利斯·弗里曼（Chris Freeman）在《工业创新经济学》（修订本）中明确指出，技术创新就是指新产品、新过程、新系统和新服务的首次商业性转化。清华大学教授傅家骥（1998）认为，技术创新是"企业家抓住市场的潜在盈利机会，以获取商业利益为目标，重新组织生产条件和要素，建立起效能更强、效率更高和费用更低的生产经营方法，从而推出新的产品、新的生产（工艺）方法、开辟新的市场，获得新的原材料或半成品供给来源或建立企业新的组织，它包括科技、组织、商业和金融等一系列活动的综合过程"。在信息技术和知识经济时代，科学界深切认识到创新是各创新主体、创新要素交互复杂作用下的一种复杂涌现，是创新生态下技术进步与应用创新的"双螺旋结构"共同演进的产物，因而强调价值实现、用户参与、以人为本的创新 2.0 模式也成为 21 世纪人们的关注热点。实际上，广义的以经验、知识和技巧为主要内容的技术，可以在人类劳动生产及学习、生活的各个方面得以创新。

高新技术产业区相对于一般区域更加强调科技创新。值得特别指出的是，科学不等于技术，科技创新不等于技术创新，科技创新也不等于全面创新。

牛津词典对"科学"的解释是，"通过观察和实验围绕现实和自然世界的结构和行为进行系统研究的智力和实践活动"，对"技术"的定义是，"基于实践尤其是产业实践目的的科学知识的应用；以科学知识开发出来的机器和设备；关于工程或者应用科学的知识分支"。可见，科学和技术是有区别的，科学重在认识，而技术重在实践。

学者们对"技术创新"有不同的理解，一些学者将其外延扩展为包括"科学理论知识创新"，另一些学者将其外延缩小至"工程技术创新"，笔者主张将两者合并为"科技创新"，以示区别。科技创新是原创性科学研究和技术创新的总称，是指创造和应用新知识、新技术、新工艺，采用新的生产方式和经营管理模式开发新产品、提高产品质量、提供新服务的过程。科技创新应该包括知识创新、技术创新和现代科技引领的管理创新，其基本创新形式主要有三种：原始创新、集成创新、为思想引进消化吸收再创新。崔永东（2016）将人文社会科学创新的范围界定为理念创新、制度创新，而其创新的途径则包括继承传统、科学评价等。

2.3.1.2 区域创新的含义

创新，顾名思义是指"创造新的事物"，其中包含要素重组、程序再造、推陈出新、发展演进的意思。它既是以新思维、新发明和新描述为特征的一种概念化过程，又是革故鼎新的不竭动力。区域是一个开放的复杂巨大系统，是生产力、生产关系、上层建筑的聚合体。辩证唯物主义认为，生产力决定生产关系，经济基础决定上层建筑。生产力的三个基本要素是劳动者、劳动工具、劳动对象。生产关系包括生产资料所有制形式、人们在生产中的地位及其相互关系和产品分配方式三项内容。上层建筑是建立在一定的经济基础之上的各种制度、设施和意识形态的总和。上层建筑包括政治上层建筑和思想上层建筑。政治上层建筑是指人们在一定经济基础上建立起的政治、法律制度及建立的军队、警察、法庭、监狱、政府部门、党派等国家机器和政治组织。思想上层建筑是指适应经济基础的社会意识形态，包括政治思想、法律思想、道德、艺术、哲学、美学、宗教、文化传媒等（付强，2009）。因此，从生产力、生产关系、上层建筑三个基本方面来看，区域创新就是各个层面、各个主体、各种要素的复杂创新。这种复杂而广义的区域创新可以相应地概括为知识理论创新、制度文化创新、工程技术创新，其中制度创新包含体制创新和机制创新。

综上所述，区域创新是指在一定的地理区域内，通过在生产体系中引入创新投入要素，或者实现要素的新组合而形成的促进资源有效配置的技术手段、创新网络和制度安排。高新技术产业开发区这个特定区域的创新，包括6个方面的基本内涵:(1)创新在特定的、具有模糊开放边界的地域空间进行;(2)生产企业、研究与开发机构、高等院校、政府机构和中介服务机构形成多元化的创新主体;(3)创新主体相互联结、支撑,形成一定的产业组织形式和网络化的空间结构体系;(4)主要是高新技术创新,同时包括商业模式创新、文化制度创新等非技术性创新;(5)制度约束促进知识技术的创新、共享与扩散,从而实现既定的区域发展目标;(6)特殊形式的社会资本、关系资本在区域之间流动,促进了各个主体的创新活动并增强区域创新能力和竞争力。

2.3.2 区域创新系统

20 世纪 90 年代,继熊彼特提出创新理论之后,菲利普·尼古拉斯·库克(Philip Nicholas Cooke)从理论和实证两方面对区域创新系统(regional innovation system)进行了全面研究,Autio(1998)、David Doloreux 等(2003)、冯之浚(1999)、胡志坚和苏靖(1999)、周亚庆和张方华(2001)、任胜钢和关涛(2016)等学者随后对区域创新系统的概念、分类、结构、功能进行了更深入的研究。

虽然学者们对区域创新系统概念的表述大同小异且各有侧重,但是一般认为其基本内涵体现在创新主体、创新要素、区域空间、系统网络、制度安排等几个关键。总的来说,区域创新系统的基本分类标准可归纳为区域潜力、区域一体化水平、社会凝聚力、技术转移的管制模式和区域障碍等 111 类标准。区域创新系统由多个不同类型的子系统构成,其运行机制包括四项基本内容:(1)区域创新系统要完成政策设计、研发实施、资金筹集、教育培训、技术中介、企业家精神培育等综合功能,必须激发创新主体的合作研发、非正式交流、技术扩散、人员流动等创新行为;(2)互动学习、知识生产方式、邻近性和社会文化的根植性影响区域的创新动力;(3)全方位网络化的分工合作体系、产业的空间集聚促进了知识技术的转移,降低了生产运营成本,提高了创新效率。

2.3.3 区域创新绩效

曹文静、潘杰义(2009)描述了城市科技创新资源投入与创新绩效产出的关系。任胜钢、彭建华（2010）用两阶段的模型来描述创新主体从科技投入到转化为经济产出这一过程。杨志江（2017）进一步以技术效率、经济效率两个概念来分别替代科技创新有效性和经济转化有效性，将区域创新过程分为科技资源投入转化为科技成果、科技成果实现后转化为经济效益两个阶段，对两个阶段绩效的内涵进行了界定，并构建了区域创新绩效评价指标体系。唐厚兴（2016）基于创新投入和创新产出的角度，从人力资源投入、创新资金投入、经济效益和科技成果4个方面构建指标体系来评价区域创新系统的创新绩效。

上述研究者对创新过程的阶段性划分基本上达成了共识，但是对于两个阶段分别产生的绩效进行明确的对应和划分是有差异的，同时对评价指标的选取也有所不同。两阶段模型也有不足之处：（1）这两个模型的设计主要是为了解决区域全面创新绩效的评价问题，但是在创新资源的投入方面限于科技创新资源，而在产出方面也没有扩展到除科技创新外由制度创新、文化创新及其他多种方式的创新所引起的全面绩效创新。制度创新降低了市场交易成本并提高了管理效益和社会效益，这是制度经济学的研究已经证明了的观点。中科院研究员牛文元主张，除了采用GDP、全社会劳动生产率指标外，还应该同时采用原材料消耗强度（万元产值的主要原材料消耗）、能源消耗强度（万元产值的能源消耗）、环境污染排放强度（万元产值的"三废"排放总量）等绿色指标来衡量制度绩效。（2）即使是单就科技创新绩效而言，仅仅用技术效率和经济效率来考量绩效也是不全面的，要同时考虑效能和效益的扩散。（3）重要知识产权授权数是反映区域知识产出价值和自主创新能力的重要指标，它不仅包括发明专利授权数，而且应该包括计算机软件、集成电路分布图设计、生物工程技术、遗传基因技术、植物新品种等在报告年度内获得批准且具有明确所有权的其他知识产权授权数。专著是比论文更具综合价值的研究成果，应该与论文同时在列。（4）文化产业中的传统艺术不应在模型中被忽略。资料显示，美国的文化产业产值已经占到整个GDP的25%，日本也达到了20%。具有创造性、知识产权、符号意义、符号价值和类似于工业化生产方式的文化产业，包括广播媒体、电影、出版、唱片、设计、建筑设计、新媒体等典型的文化产业，音乐厅、音乐会、表演、文学、博物馆和画廊等公共运营的传统艺术，其"商品的主要经济价值来源于它们的文化价值"，而且不一定完全遵循工业科技创新生产方式，也不一定生产高新技术产品，但是生产出来的文化产品的附加值是很高的。

3

国内外高新区发展模式研究

　　近年，随着"科学技术是第一生产力"的全球趋势逐渐显现，世界各国都在纷纷建立高新技术产业园区，各地"硅谷"模式的成功不仅为一个地区的经济带来了快速发展的动力，甚至影响着一个国家的一个或多个相关产业的崛起。硅谷作为美国信息社会"最完美的范例""世界微电子之乡"，是美国最为成功的高新技术开发区之一。硅谷不但开拓了新的产业，更重要的是开拓了高新技术产业的发展模式，比如，股份期权、孵化器、科技园等。硅谷的崛起使美国社会从工业时代过渡到信息时代，开创了人类社会进入知识经济时代的先河。自20世纪80年代后，世界各国和地区为了发展经济、谋求竞争优势，纷纷效仿硅谷模式来建立自己的高科技园区，如美国波士顿的"第二硅谷""日本硅谷""韩国硅谷"等。中国也不例外，有北京中关村硅谷、上海浦东硅谷和广东深圳硅谷，浙江杭州也有一个"天堂硅谷"。以下将重点分析剑桥模式和硅谷模式。

3.1　英国剑桥模式

3.1.1　剑桥模式概况

　　英国剑桥科技园位于英国东南部的剑桥郡，其经济发展创造了"剑桥现象"。在过去的30多年中，科技园区每年增加5000个就业机会，园区GDP平均增长率达到了6.3%，大大高出英国3.4%的GDP年均增长率，累计为英国创造税收550

亿英镑，出口总值达到了280亿英镑。这样一个经济效益日益增加和技术日趋先进的高科技园区已成为整个英格兰东部地区的发展中心。"剑桥现象"不是一个短促的历史过程，这种以高科技为核心的创新的经济增长方式，保持了剑桥地区长期的发展活力，使它赢得了"硅沼"的名声，并成为具有重要意义的英国新经济中枢的主要组成部分。

3.1.2　剑桥模式的特色

剑桥科技园区之所以蓬勃发展，关键是建立了自己的独特的生态系统，政府的支持较少，商业化、市场化气氛非常浓厚。一是有顶级的大学科研支持；二是有商业化浓厚的企业文化；三是有稳定的社交网络文化，使大学和企业、学生和创投者紧密地结合起来；四是众多成功的案例吸引着年轻的学生投入创新创业；五是大学与商业机构的合作，为创新创业提供了大量的资金支持，同时大学也从中得到了实惠。如专业方面，如果学生同意和学校共享专利，则与学校签订合作计划，在赚到第一个10万英镑时，个人、学院和学校分别按照8：1：1进行分成；赚到20万英镑时，按照6：2：2分成，超过20万英镑后，按照34：33：33分成。如果学生不同意学校共享专利，则按照85：7.5：7.5分成，专利归学生个人所有。而且这种模式长期固定，学生、学院和大学均有收获，促进了各方投入创新的积极性。之所以剑桥科技园模式不可复制，主要是因为这里大学、企业和政府独特的合作模式，并且大学进行了大量的投资，其他学校是很难做到这一点的。

此外，追溯剑桥科技园区最初的定位和发展，可以发现科技园区一开始就非常理智。它没有像美国硅谷那样的全球地位和多元化科技移民的背景，它不愿意盲目称呼自己为"新经济的中心地带"。相反，它务实地把科技园区与世界经贸一体化联系起来，称自己为世界新经济网络的一个节点，开放式地与所有追求科技商业利益的经济实体交流。事实证明，剑桥科技园区的谨慎是对的。园区以可靠的前景、具有诱惑力的挑战和高薪，吸引了欧洲地区成千上万的科技人才。他们中的很多人就在英国最富有古典建筑气息的剑桥大学周围地区安家落户，成为园区忠实的一分子。即使是在欧洲，科技园区之间的竞争也非常激烈。奥地利有语音识别技术特区，瑞士有机械电子科技区，连冰天雪地的北欧斯堪的纳维亚半岛的芬兰也成了世界级的无线技术中心。但是与这些竞争对手比起来，剑桥科技园区丝毫不逊色。"剑桥的磁力无法抗拒。我对这里中小科技企业混合经营的环境非常看好。"英国科技部部长劳德·山博瑞谈起剑桥时兴致勃勃，他认为剑桥园区确有过人之处，"我简直忘了它们是企业，它们都是知识密集型的学习型的经济组织。它们的未来大有前途。"本来很多人担心剑桥园区吸纳了过多小企业，残酷的竞争会让企业淘汰率过高。然而近两年来，剑桥科技园区的经济组织成长出现了新动向。前几年出现的小企业经过市场筛选，有些站稳了脚跟，逐步做大，开始在全球市场有了一定的影响。这些小企业非常擅长使用极少的资源，专注于各自的擅长领域，其核心业务非常明确，大规模地制造受到市场欢迎的产品。这样的企业包括专门持有小公司股票的 ARM 公司、IT 领域的 Virata 公司、网络打印市场的"多米诺"科技公司、咨询界的"科技伙伴"咨询公司和一些生物化学方面的高科技公司。"过去人们对小公司存有偏见，认为它们很难做大。然而剑桥科技园区证明，英国的小公司也一样能发展成为世界性的大公司。"市场分析家大卫·克立夫阐述道。他也是剑桥科技园区的居民，现在在一家通信信息公司担任咨询师。"有些园区内的小企业几乎不能以正常的思路、眼光和方法，来预估其未来的走势——它们的发展实在太快、太惊人了。"

3.2　美国硅谷模式

3.2.1　硅谷概况

硅谷（Silicon Valley）位于美国加利福尼亚北部的大都会区旧金山湾区南面，是高科技事业云集的圣克拉拉谷（Santa Clara Valley）的别称。硅谷最早是研究和生产以硅为基础的半导体芯片的地方，并因此得名。

硅谷是电子工业和计算机业的王国，尽管美国和世界其他高新技术区都在不断发展壮大，但硅谷仍然是世界高新技术创新和发展的开创者和中心，该地区的风险投资占全美风险投资总额的 1/3 以上，硅谷的计算机公司已经发展到大约有 1500 家。一个世纪前这里还是一片果园，但自从英特尔、苹果、谷歌、脸书（Facebook）、雅虎等高科技公司的总部在此落户之后，出现了众多繁华的市镇。在短短的几十年之内，硅谷出现了大批科技富翁。

硅谷是美国高科技人才的集中地，更是美国信息产业人才的集中地，在硅谷，集结着美国各地和世界各国的科技人员达 100 万人以上，美国科学院院士在硅谷任职的就有近千人，获诺贝尔奖的科学家就达 30 多人。硅谷是美国青年心驰神往的圣地，也是世界各国留学生的竞技场和淘金场。在硅谷，一般公司都实行科学研究、技术开发和生产营销三位一体的经营机制，高学历的专业科技人员往往占公司员工的 80% 以上。硅谷的科技人员大都是来自世界各地的佼佼者，他们不仅母语和肤色不同，文化背景和生活习俗各有不同，所学专业和特长也不一样。如此一批科技专家聚在一起，必然思维活跃，在互相切磋中很容易迸发出创新的火花。硅谷高新技术公司的创立和资金投入方兴未艾，仍然呈现出发展的趋势，同时也是世界人才最集中的地区。

3.2.2 美国硅谷高新区运作机制

3.2.2.1 人才是硅谷成功的首要因素

首先，硅谷有一流的人才供给基地。硅谷有世界一流大学斯坦福大学、加州大学伯克利分校、圣克拉拉大学等著名高校为其培养人才。斯坦福大学有世界上最好的电气工程系和计算机系，拥有众多的由公司资助的一流实验室，与产业界有着广泛而密切的联系。斯坦福大学总是处于不断发明、不停创造的过程中，创业蔚然成风。据统计，与斯坦福大学有关的企业的产值就占硅谷企业总产值的 50%~60%。除了上述几所著名高校，硅谷还拥有数千家研发机构和企业培训机构，有旧金山州立大学、圣荷西州立大学等专门培养大批技术人员和管理人员的大众化教育机构。这些高校和培训机构向硅谷源源不断地输送人才，硅谷的人才优势可谓是得天独厚。

其次，硅谷的人才素质很高。硅谷不仅有一流的人才供给基地，同时人才的素质很高，堪称全球人才高地。硅谷吸引了世界上近1/4的诺贝尔奖获得者、近千名科学院和工程院院士前来工作。美国还对高学历、高科技人才实行特殊移民政策，目前硅谷32%的人口是在美国以外出生的，20~45岁的年轻人超过一半，白人仅占总人口的49%。外国高素质移民的涌入，使硅谷逐步集中了世界上最先进的技术和最高水平的人才。此外，硅谷还有大批具有创新精神的企业家，他们将一个个尚处于襁褓中的技术转化为现实，产生出巨大的经济效益和社会效益。网景公司就是最初来源于大学生的技术，经过企业家培养后成为世界知名的大公司。

最后，硅谷有科学合理的用人机制。公司为了留住高水平员工，通常通过发放股票期权进行激励，这种办法把员工个人的努力程度和公司的前途命运结合在一起，大大提高了员工的积极性。同时，硅谷还实行一系列人性化管理措施，如提供免费午餐、定期体检，为员工的孩子办幼儿园等，名目繁多，不胜枚举。

3.2.2.2 创新文化

硅谷长盛不衰，其奥秘何在？创造是人类精神之本、力量之源。硅谷的增长是由创新驱动的。专家们普遍认为，硅谷的成功秘诀不是芯片，不是软件，而是创新，是创新的制度和环境即独特的硅谷文化，这种独特性表现在以下三个方面：

首先，它是一种新型创新文化，即容忍失败的创新。在硅谷流行"start up"这个词，即开创自己的公司，"start up"是硅谷人生活的一部分，它激励着硅谷人为实现梦想而奋斗。在硅谷，每一个想法、念头都可能导致一个公司的诞生，每一个有志者都有着勇于创业的风度和容忍失败的胸怀。鼓励冒险、宽容失败的硅谷文化，激发了员工大胆尝试、勇于探索的创新热情，是硅谷不断前进的引擎。

其次，它是一种独特的企业文化。这种文化包括容忍跳槽、鼓励裂变、崇尚竞争、平等开放等。硅谷是世界上跳槽率最高的地区，企业鼓励跳槽，因为人才流动可以让人们学到更多新的知识和专业技能，为企业增加活力。优胜劣汰、适者生存，硅谷每个公司乃至每个人都时刻处在竞争的压力之中，他们既着力于自身能力和水平的不断提高，又注重在竞争中向对手学习，尊重对手，平等交流。

最后，它是一种"以人为本"的文化。高科技的发展需要高素质的高科技人才，谁拥有的高科技人才多，谁就获得了竞争的优势。硅谷是最能体现人作用的地方，它注重人的价值，实行人性化管理，充分考虑人的创造性。有效的人才激励机制是硅谷人才因素的显著特点。硅谷鼓励员工富起来，并对做出贡献的员工给予股份奖励。这不仅激发了人的创造力和进取心，还强化了员工对公司的凝聚力和向心力。此外，硅谷还有技术入股、职务发明收益分享等人才激励机制。

3.2.2.3 科、技、产三位一体的发展模式

在科、技、产三位一体的发展模式中，政府起着重要的中介力量。这种"硅谷现象"是科技发展的一种新的社会形态，它使大学、科研机构的知识技术优势和企业的经营管理经验的优势互补，实现了科技链和产业链的融合，是硅谷发展的内在动力，它对硅谷的影响主要表现在以下几个方面：首先，改变了硅谷生产力的结构，使知识成为第一生产力，使生产力中劳动者的结构及生产工具的性质和功能发生了变化；其次，改变了硅谷的经济结构，使硅谷直接从农业社会过渡到后工业社会，从生产和制造中心逐渐变成一个高水准的研究和控制中心；最后，改变了硅谷的阶级结构和职业结构，使硅谷产生了一个包括科学家、工程师及其他技术人员在内的技术专家阶层的新的中产阶级，并且这一阶层在硅谷劳动力中占有最大比例。

三位一体的发展模式是一种网络式合作组织。这种合作是多层次、多渠道的，不仅有横向的，还有纵向的；不仅是宏观的，也是微观的，是一种渗透性网络式合作。横向的、宏观的合作是指不同机构之间的合作，即政府、创新企业、风险资本投资公司、学校和公共机构之间的合作；微观的合作指的是企业间的合作。

3.2.2.4 科技与资本的融合

科技和资本的深度融合是公司发展壮大的战略核心和成功之道。在较长一段时间里，劳动和资本投入的增加被经济学家们视为经济增长的根源，直到20世纪中期，人们开始改变这种想法，转而认为技术创新才是经济增长的主要根源。

硅谷作为高技术产业的圣地，技术发展是硅谷发展与壮大的根本动力，硅谷的增长优势完全取决于硅谷的技术优势。事实上，硅谷成功的根源不能单纯地归结为技术创新，而应归结为高技术与资本的完美结合。首先，在硅谷一共有 8 所大学、9 所专科学院和 33 所技工学校。与东部传统大学不同的是，这些大学不单纯是教学机构，还是研究所，它们以培训科技人才为主，着重科学和工程领域，并强调与企业的结合。这些大学为硅谷注入了学术智能，并向硅谷提供了一批批顶尖人才，使硅谷拥有源源不绝的创新动力。一流大学的高水平实验室亦是硅谷技术基础的重要组成部分。其次，高科技产业投资意味着高风险投资，一般来说，都不会受到传统银行的青睐。而硅谷作为美国风险创业基金的主要活动中心，吸收了全美国风险投资的 37%。大量风险投资公司的存在为硅谷高科技的发展提供了资金支持，而充足的资本金带来了技术的革新，极大地推动了高科技企业的发展。美国的资本市场为风险投资公司提供了完善的退出机制，包括为高科技企业开辟的纳斯达克二板市场。风险投资公司支持创业，鼓励技术创新，它培植企业，把企业做大。等企业长大了，风投公司就把占有的股权卖掉，赚回一笔，转身又去物色新的创新幼苗。

3.2.2.5　风险投资

硅谷拥有成熟的风险投资体系，形成了一套有利于促进风险投资发展的机制。

高技术产业投资意味着高风险投资，新公司的生存和发展需要投入大量资金，一般来说传统银行是不愿为它们投资的。而硅谷运作着美国 1/3 的风险投资基金，风险投资是初创高技术企业资金的主要来源。风险基金不依赖于银行，它来自风险资本家，以市场为导向，投资于未上市的、新兴的和具有巨大竞争潜力的企业，它是一种权益性资本。在硅谷，许多风险投资人、创业投资基金的管理人都是工程师出身，对技术的创造性、知识的前瞻性和产品的市场前景有很好的判断能力，基金公司不仅提供创业资金，还提供企业管理和技术服务。风险基金的投资决策是快速的，但筛选也十分严格。在硅谷高技术产业发展史上，风险投资功不可没。著名的英特尔公司、苹果公司等都是靠风险投资发展起来的。任何有价值的创意和技术在硅谷都能得到很好的投资和帮助，风险投资是硅谷高技术企业增长的发动机。

3.2.2.6 政府支持与制度优势

政府的支持对硅谷高新技术产业发展尤其是新兴产业发展起到极大的促进作用，它主要表现在以下几方面：首先，美国联邦政府通过制定法律法规、科技政策及对地方研究活动实行直接资助等方式来鼓励和资助硅谷高科技业的发展。其中联邦政府对硅谷的大学、实验室和私人企业投入研发经费，支持了硅谷关键技术的发展，促进了硅谷地区的技术创新。其次，加州政府鼓励技术教育，还为高科技公司的发展提供很多税率上的优惠政策。最后，当地市政府在一定条件下会为高科技企业提供贷款担保等。

硅谷的竞争优势来源于技术和制度的有机结合，其制度优势包括两方面：一是正式制度。按照不同制度的重要程度，正式制度可分为三个层次：根本性制度、重大性制度和其他制度。良好的制度环境为硅谷创新体系中以各行为主体的创新活动提供激励和保护，提高了生产效率，促进了硅谷经济的增长。二是非正式制度。非正式制度是指硅谷人在长期交往中无意识地形成的、具有持久生命力的、在创新活动中起着重要作用的文化意识。硅谷文化提倡企业家精神，鼓励冒险，容忍失败，鼓励人才流动，它是硅谷的原动力。

3.3 日本筑波科学城

3.3.1 日本筑波科学城概况

筑波科学城位于东京东北方向 50 公里处，占地 280 平方公里，含 4 个镇和 2 个村；规划人口 22 万人，是世界上最著名的高新技术园区之一。筑波科学城始建于 1963 年。当时由于日本主要实施引进吸收欧美各国先进技术发展经济的战略，引发了一系列问题，日本开始从"贸易立国"转向"技术立国"，从强调应用研究逐步转向注重基础研究，政府从政策、计划、财政、金融等方面，对发展应用技术、基础研究，尤其是对高技术大力加以引导和支持，开始兴建科学城。1974 年，日本政府开始将所属 9 个部（厅）的 43 个研究机构，共计 6 万余人迁到筑波科学城，形成以国家实验研究机构和筑波大学为核心的综合性学术研究和高水平的教育中心。1984 年 4 月，日本政府通过了《高技术工业及地域开发促进法》，以建设代表 21 世纪产、学、研相结合的中心城市为目标，形成推动远离太平洋沿岸地带的传统产业向高技术产业方向发展的基地。为了扩大筑波的国际影响，日本政府还专门举办了筑波世界博览会，有力促进了科学城的对外交流和城市建设。

3.3.2 筑波科学城的管理模式

同任何一个新事物的成长过程一样，高新技术园区在其发展中也会遇到各种问题，例如政策法规保障、发展领域选择、基础服务设施及人口、交通、环境等问题都要进行有效管理，而筑波科学城有其独特的经验。

3.3.2.1 采取国家统一领导、各部门分工协作的管理体系

筑波科学城建设是在首相办公室中的科学城推进本部统一领导下、各部门分工协作进行管理的。土地开发和公用设施建设项目由住宅和城市开发集团负责；科研和教育机构的建设由建设部负责；建造和管理道路、公园和商业服务设施则由筑波新城开发公司负责。由于规划和主管部门都是国家最具权威的机构，又加上有统一协调，科学城建设得以顺利实施。

3.3.2.2 采用健全的立法保障和大量优惠政策

法律法规是保障和促进高新技术园区建设的重要条件，许多国家都很重视这一点。如前所述，筑波科学城建设的法规相当健全，大体上分两类：一是专门针对高新技术园区制定的法律，二是与高新技术园区相关的国家科技、经济乃至社会方面的法律法规。其中第一类法律更集中有力，是筑波科学城建设的一个突出特点。《筑波研究学园都市建设法》分章对"研究学园地区建设计划""周围开发地区整备计划""基于研究学园地区建设计划及周围开发地区整备计划的事业实施"等加以明确说明。而其（实施令）则就"研究学园地区的区域"及"公共利用的设施"等做了具体规定。同时，还通过立法等手段，采取多种优惠政策和措施，

对房地产租赁、设备折旧、税收、信贷、外资引进等给予多方优惠，有力保障和促进了科学城区的发展。

3.3.2.3 在项目发展选择上，根据本地特点优势集成

美国硅谷的巨大成功曾使许多国家和地区竞相仿效，纷纷开发电子信息业。筑波科学城管理者在这场模仿热潮中很快悟出，不顾本国和本地区条件都去研究开发电子信息产业必遭失败。只有根据本国本地优势，从一个或几个高新技术领域和项目去研究开发，并形成具有竞争力的高新技术产业，才是建设科学城的上策。根据本地优势及国内外环境条件，筑波选取高能物理、生命科学、材料科学及化工、机械、电子、气象和环境等学科领域，进行多学科多行业的优势集成，综合地进行研究开发，成效极大。

3.3.2.4 在基础设施建设上大力投资，统一规划

新建的高新技术园区多数基础设施薄弱，城市功能不全，生活、工作诸多不便，影响其发展。例如苏联的新西伯利亚科学城长期基础设施不健全，导致不少科技人员相继离开。筑波科技城建设一开始也遇到了同样的问题。政府便加大投资，并对城区的水电、交通、通信等基础设施进行统一规划和建设，促进了科学城的建设和发展。

3.3.2.5 在人口、资源、环境等方面，注重统筹协调，持续发展

世界上较早建成的高新技术园区，多数由于缺乏总体规划，在后来人口猛增时，都出现资源不济、交通拥挤、给排水困难和环境污染等棘手问题，日益限制其发展。筑波科学城从建设开始就十分注重各方面的统一筹划，将上述问题处理得较好。筑波科学城区初建时，政府设法吸引科技人员和科研机构从东京迁入；城区规模发展较快、人员涌入较多时，又注意控制人口。另外，还颁布了《私人部门资源利用法》等法规，对资源合理开发利用、环境保护等问题加强管理，同时高度重视城区市政、住房等方面的整体发展，保证了科学城的持续健康发展。

3.4 新加坡高科技园区

3.4.1 新加坡高科技园区概况

在科技产业园区领域，新加坡的裕廊集团（JTC）可谓是整个亚洲的"宗师"。1961 年，新加坡政府成立了国家经济发展局，负责科技产业园区投资、建设、招商、服务、产业政策等全领域工作。1968 年，经济发展局工业园区部独立出来，成为裕廊镇管理局，采用公司模式。2001 年，裕廊管理局进行了改组，成为裕廊集团，经营运作更加企业化，在科技产业园区市场竞争中更灵敏、更灵活。现在，裕廊集团管理的项目规模达 4870 万平方米，标志性项目包括裕廊工业区，裕廊岛的能源和化学工业，商业和专业公园，如新加坡机场物流园、国际商业园、樟宜商业园、实里达航空园、清洁技术园和大士生物医学园等一大批经典项目，着实是科技产业园区领域的一代宗师！裕廊集团本可以深藏功与名，但在数字时代，这位宗师仍然在创新，并演绎新时代的大象起舞。其中最具代表性的，可能就是这个最高科技产业园区——榜鹅数字区（Punggol Digital District，PDD）了。

3.4.2 园区运行模式

榜鹅数字区位于新加坡的东北角，占地 50 公顷。作为新加坡经济战略的一部分，榜鹅数字区是一个新的经济开发区，起着引领新加坡东北角的经济持续增长的重任。不过，这个开发区的样子，跟之前你见到过的其他开发区有很大的不同。那科技产业园区榜鹅数字区具体是怎么做的？我们总结了以下三点。

3.4.2.1 混合功能，激发创新

裕廊集团首席执行官 Ng Lang 先生说："榜鹅数字区将是第一个采用一体化总体规划方法的区域，将商业科技产业园区、大学和社区设施汇集在一起。这种区级规划方法可以产生协同效应，优化土地利用并促进社区建设。它还使我们能

够从一开始就整合技术和创新平台和服务，从而有可能改变我们的生活与工作方式，让我们在一个包容性和可持续发展的活力社区里工作、生活、学习和娱乐。"

新加坡理工大学新校区就位于榜鹅数字区内，校区和裕廊集团的科技产业园区仅隔着一条街，这种邻近将有助于学生、教师和行业专业人士之间的知识和合作机会的交叉融合。

在榜鹅数字区里，土地用途相当混合：新加坡理工大学的研究实验室和校园教室可以放在办公园区内；同样，科技产业园区可以在新加坡理工大学的校园内投资开发行业研究空间、甚至创建初创孵化空间。这种空间的"交换"在学术界和企业之间产生了更大的协同作用，最大限度地鼓励了测试和创新想法。新加坡理工大学的新技术或新理念可以在产业园区中的企业进行测试和实验，从而有助于提高商业化的成功率。同样，与新加坡理工大学在网络安全、电力工程、食品技术、设计、酒店等应用项目方面的优势相关的创新型企业，可以利用新加坡理工大学的研发能力和学生人才库，为企业的发展提供动力。

特别值得一提的是，校园大道——一条 800 米长的步行街，不允许汽车通行。它是整个榜鹅数字区的脊梁：连接着新加坡理工大学校园与裕廊集团办公产业园区，也连接着地铁站与海滨公园，人们可以步行、骑自行车、踩滑板穿过这个花园式的步行街，街道的两旁有丰富的零售商店、餐饮和休闲场所，你可以跟三两好友聚会交流，享受第三空间带给你的灵感，或者直接去到海滨，在甲板上享受温柔的海风。我们说城市是创新的温床，其原因就在于城市是"混乱"的（当然是在"一定秩序"的前提下）：各种想法的密度很高，并且彼此邻近，而且他们都在不断调整和变化——这不就是创新的好城市吗？

3.4.2.2 未来城市，智慧底板

早在 20 年前，新加坡就梦想成为智慧国家，于是新加坡政府一直在提供资金和设施，来测试最新的智慧城市的技术，慢慢地还创建了一个鼓励研发（R&D）的生态系统——包括设计、制造、包装、测试和供应链的创新基础设施。其实，将智慧技术融入日常功能和基础设施不仅可以提高居民的生活质量，还可以改善生态环境、提高整个社会和经济水平的生产力和效率。在智慧方面，科技产业园

区榜鹅数字区有以下亮点。

（1）综合设施管理：榜鹅数字区将采用综合设施，集中管理所有建筑的运营，集中远程监控、分析、优化和控制建筑系统。

（2）气动废物输送系统：通过地下管网高速收集被压实与密封的废物，整个废物处理过程将完全密封，保证空气干净清新。

（3）区域冷却系统：在中央工厂生产冷水系统，节省大约30%~40%的空间和成本，减少碳足迹。

（4）实验性的城市微电网：多能源城市微电网系统将天然气、电力和热能集成为一个统一的智能网络，该网络无缝地结合了可再生能源，如太阳能和能源存储技术。这也将会是合作教学和应用研究平台。

（5）集中式物流中心：在榜鹅数字区内，机器人或 AVS 可以从集线器接收货物并交付给用户。

（6）物联网系统：在国家智能传感器平台上，GovTECK 也将用物联网和传感器技术，以提高社区生活品质，包括利用环境传感器来监测空气质量和噪音，以及公共空间中的车流人流等数据。

3.4.2.3　社区营造，品质生活

好的区域，不仅仅是一个适合工作的社区，它还应该是一个学习成长与居住生活的社区，一个有温度的、留得住人的区域。科技产业园区榜鹅数字区将与周围的住宅区无缝融合，并包括通往海滨的绿色路网，它还将连接水道公园和长廊公园，营造一个宜居的大生态系统。在古迹观光路线（Heritage Trail）附近，将有一个儿童看护中心，有孩子的家庭可以在那里的户外花园探索。另外，榜鹅数字区还广泛地跟各个社区组织合作，比如，新加坡理工大学正与榜鹅合作，吸引那些对科技感兴趣的年轻居民来这个创客社区，通过居民们"边做边学"，榜鹅数字区可以"众筹"基于技术的解决方案，以帮助减轻社区在生活环境中面临的挑战。

未来，榜鹅数字区的目标是成为数字经济中的关键增长区，如发展网络安全和物联网领域，预计为榜鹅和东北地区的居民提供近3万个工作岗位，现在它还是一片待开发之地。2019年，榜鹅数字区科技产业园区将正式启动建设，预计到

2023 年，裕廊集团的办公园区将会落成。而随着这些关键机构的聚集，我们期待着榜鹅数字区科技产业园区成为一个开放式创新的生态系统，成为新技术的城市实验室，使企业和人们能够在数字经济中茁壮成长。

3.5 韩国大德模式

3.5.1 大德科技园区概况

韩国大德科技园区于 1973 年由韩国政府出资兴建，到 2001 年政府投入资金已达到 30 兆韩元（约合 1713.6 亿元人民币）。它是亚洲最大的产、学、研综合园区，是韩国经济增长的主要动力源。以大德科研区为中心，包括大田第三及第四工业区、科学博览会公园、儒城地区、屯山新都市区等周边地区；生产半导体、汽车副件而兴起的忠清南道天安、牙山精密机械制造圈和以传统制造业为强点的忠清北道清原、清州产业圈，组成范围更大的大德谷。大德谷作为科研、生产三角点，真正起到了推动韩国经济成长的加速器的作用。

韩国大德科技园区形成了生命科学、信息技术、化学工程、材料科学等多个领域支撑的格局。区内产业结构形成多个领域并重，均衡发展的格局。其中生命科学、信息技术的企业数各占 18%，化学工程占 14%，材料科学占 11%，能源占 10%，航空机械占 9%。园区集中了韩国电子、宇航、通信、生命科学等高新技术领域的近 2 万名人才。韩国大德科技园区人才高度聚集，是韩国"人才源泉地"。大德科技园区附近聚集着 70 个研究机构和 8 所著名大学，包括韩国科学技术院、韩国电子通信研究院、韩国原子力技术研究院、韩国生命工学研究院、韩国航空宇宙研究院等多家科研院所。韩国中部地区最大的国立大学忠南大学也在这里。这些研究院所和高校做出了一项项研究成果，培育了一批批优秀人才。

韩国大德科技园区技术创新成果层出不穷，是韩国的"技术原动力"。园区诞生了数以万项的科技成果，如动态随机存取破储器、6.4 万位芯片、64 兆位芯片、断层摄像机、肾脏碎石机、黑猩猩基因组图、超薄膜分析技术等，同时完成了 CDMA 技术的商业化及韩国第一颗科学卫星"阿里耶 1 号"的研制。

韩国大德科技园区技术研究中心集聚。目前，科学城内已经建成包括首尔国立大学理论物理研究中心在内的 27 个科学研究中心，包括 KAIST 卫星研究中心在内的 36 个工程研究中心及包括忠南国立大学软件研究中心在内的 38 个区域研究中心。

3.5.2　大德科技园区的成功因素

大德科技园区经过将近 40 年的建设，已经取得了丰硕的成果，不仅在亚洲成为各国效仿的模板，在国际上也能与美国的硅谷相媲美。它的快速成长源于"人才＋规划＋机制"的全方位扶持，具体体现在以下几个方面。

3.5.2.1　科研院所机构密集，人力资本丰富

大德科技园区内有民间企业和研究所 27 所，政府出资的研究所 28 所，公共机关 13 所，高等教育机构 4 所（韩国科学技术院、忠南大学、韩国情报通信大学等）。研究人员约 1.7 万名：其中博士 4100 名，占韩国理工专业博士人数的 10%。可见，大德科技园区的建设和发展得益于丰富的科技人力资本作为支撑，这是知识技术密集型的高新园区成功的关键因素之一。

3.5.2.2　地理位置优越，交通便捷

俗语说：要想富，先修路。一句话就道出了交通的便利会给当地的经济发展提供基础建设保障，有利于地区与外界在原材料、科学技术、资金、人力资源等方面的交流，也能将商业信息引入，方便企业及时捕捉商机，促进区域经济发展。大德科技园就是占据了这样优厚的地理条件。该园区距离首尔 150 公里，距离经北高速路新滩津 1000 米，距离湖南高速路大德硅谷 500 米。从大德科技园区乘车到清州国际机场仅需半个小时，到仁川国际机场需两个半小时，到唐津港（西海岸）需一个小时。另外，园区坐落于高速路与铁路的交叉点，因此，园区与各地的连接都极为紧密，可以说园区位于通往首都地区的交通要地。

3.5.2.3　园区内产业规划缜密，根据形势稳步调整

大德科技园区自建立以来，对园区内产业发展从未采取放任政策，而是根据

国内外经济形势和产业布局逐步调整，对每个进园的企业的主营业务都有严格的审核。韩国政府在园区建立与发展过程中始终处于半介入状态，按照韩国政府有关政策草案，园区贯彻分期分段发展，并适时调控引导方针。从大德科学园区的产业链来看，园区首先从重化工的技术开发，转向电子通信等高技术工业，并向沿边地区进行产业扩展和转移。

3.5.2.4 宏观政策和专项政策到位

宏观政策上，大德科技园区行使管理法、韩国科技部训令和大田市援助条例等多元基本法律，确保了园区企业的权益不受侵犯；专项政策上，以政府为主导的支持机构和风险技术的评价机构比较完善，享受高科技开发税收优惠政策，如新技术推广资金投资税金减免或折旧制度，技术开发准备金制度，技术及人才开发费税金减免制度，技术转让收入法人税减免制度，实验研究用样品和新技术开发产品免征特别消费税制度。

3.6 印度班加罗尔模式

3.6.1 班加罗尔软件技术园概况

印度班加罗尔市位于印度南部，是印度五大城市之一，该市自印度1947年独立后逐步发展成为重工业的中心。高科技公司不断入驻，使其成为印度信息产业的中心，即班加罗尔软件技术园，俗称"印度硅谷"。20世纪90年代初，班加罗尔软件技术园抓住全球产业转移契机，利用殖民时英语的全民普及，集中优势资源大力发展软件外包，该技术园现已发展成为全球最成功的软件外包中心，吸引了国内外大批知名信息技术公司落户，其中不乏世界500强企业。

目前，全球约有5000家软件开发公司，按软件能力成熟度模型（Capability Maturity Model，CMM）将所有的公司分为1至5级，5级为最高，那么全世界大约有75家资质为5级的软件研发企业，其中有45家在印度，而这45家企业中又有将近30家在班加罗尔。班加罗尔共有1500家软件研发公司，其中外国公司超过 150 家，2000—2001 年期间平均每周就有一家公司来班加罗尔注册，这一速度在印度是独一无二的。许多世界知名公司如微软、国际商业机器公司（IBM）、惠普、摩托罗拉、思科、北电网络、甲骨文、德州仪器等都在此设有研发中心和生产基地。印度本地的著名软件企业印孚瑟斯（Infosys）、威普罗（Wipro）和塔塔（Tata）咨询公司等也在世界上颇具影响力。

3.6.2 班加罗尔软件技术园优、劣势

班加罗尔软件技术园取得了极大的成功，并且由于园区在一个发展中国家——印度，它的成功模式的深度探讨对我国未来高新区发展具有很好的借鉴作用。

3.6.2.1 优势

（1）具有良好的科技文化底蕴。班加罗尔是印度高等学校和科研机构的集中地，共有 7 所大学，其中印度理学院历史悠久，创办于 1898 年，现在是一所只招收博士、硕士的研究生院，不招本科学生。班加罗尔有以理工科特别是计算机专业为主的班加罗尔大学及印度管理学院、农业科技大学、拉吉夫·甘地医科大学等，还有 292 所高等专科学校和高等职业学校。班加罗尔的工程学院数量在印度居首位，是美国工程学院数量的一半。印度国家和邦一级的 28 所科研机构也都设立在这里，还有企业内部和其他政府认可的科研机构 100 多家。由此可见，班加罗尔完全具备成为高新技术城市的条件。20 世纪 80 年代末，班加罗尔就吸引了国际软件和高科技公司的注意。1987 年，美国德州仪器开始在此开展外包业务。1991 年，IBM 进驻班加罗尔。随后，通用电气在此设立研发中心，班加罗尔由此开始了其日新月异的发展历程。

（2）具有较高的国家经济战略地位，是印度政府重工业投资重点区域之一。为支持软件产业的发展，印度政府先后成立了国家信息技术与软件发展委员会和信息产业部，制定了《计算机软件出口、开发和培训政策》和《印度 IT 行动计划》。在税收、财政、贷款、进出口及基础设施方面提供了特殊的优惠，比如企业开始经营的头 5 年免去企业所得税，园区内软件企业进口硬件和软件完全免

税，并且可以申请快速通关的"绿卡"，购买国内资本货物时免除消费税、对所交纳的中央营业税进行退税，取消了进口许可证制度，允许设立 100% 外资独资公司等。为鼓励社会与科研机构合作，政府以优惠的价格提供厂房、办公楼、水、电、气和通信等基础设施。为了解决班加罗尔的数据传输问题，印度政府在 1991年投资兴建了可高速传输数据的微波通信网络 SoftNet。这一创举至少满足了 10余年软件企业的发展需求，这也为后来班加罗尔能够不断吸引其他著名企业前来提供了很重要的帮助。正是印度政府及班加罗尔所在地卡拉塔克邦政府对当地高新技术企业的特别支持、对企业科研实行财政资助，对企业科研成就颁发政府奖等扶持措施，使班加罗尔成为世界企业界的进军目标。

3.6.2.2 劣势

（1）受国家整体经济水平影响。班加罗尔软件技术园区异军突起的势头逐渐放缓，恰到好处的国际产业转移契机只能为园区建设提供一个良好的开端，但是园区的发展需要区内外环境的配合和各种资源的供给。然而，印度仍是发展中国家，经济整体发展水平较低且不均衡，这造成了园区未来资源特别是人力资源的供给缺口，据不完全统计，2009 年印度在 IT 领域的人才缺口仍有 50 万人。

（2）基础设施不完备。印度的基础设施落后于工业发展，有两方面原因：一是工业发展初期基建就比较薄弱；二是工业发展速度快，人口政策不严谨，人口增速过快导致人均资源匮乏。因此，基建工程总是无法满足经济发展和人们生活的需要，长此以往，即使是国家重点投资的区域，包括班加罗尔软件技术园的发展也会受到阻碍，严重影响外资的注入和高新企业的进驻。

3.7 我国台湾新竹模式

3.7.1 新竹科学工业园发展现状

我国台湾新竹科学工业园建于 1980 年 12 月 15 日，地处我国台湾省西北部的新竹市，是一座新型工业城市，自新竹科学工业园设立后就成为台湾省高科技重镇。园区有优秀的科技人力资源、密集的高校科研机构如台湾清华大学、台湾交通大学、玄奘大学、中华大学、元培科学技术学院、台湾新竹师范学院等，附近还有中原大学中山科学研究院等。另外，园区基础设施完善，交通便利，纵贯线铁路贯穿新竹市，特别是新竹站各级列车停靠的大站，班次密集；公路运输也非常发达，台湾西部各大城市皆有客运往来于新竹市。

经过30多年的建设发展，新竹科学工业园取得了卓越的成绩，居于世界著名高新科技园区之列。园区企业从1981年的17家发展到2004年的384家，年营业额也从1983年的30亿元新台币（约合6.89亿元人民币）增长到2004年的10859亿元新台币（约合2495.40亿元人民币），人均获利能力是整个制造业的3倍以上，劳动生产率是整个台湾制造业的2.5倍。

同时，在新竹科学工业园强劲带动下，我国台湾地区集成电路产业实力位居全球第四，其中晶圆代工和IC封装、IC设计、信息硬件产业产值分别位居世界第一位、第二位和第四位；在通信和光电产业方面，WLAN产业位居全球第一，xDSL客户端设备和大尺寸玻璃基板（TFT）、液晶显示器（LCD）产值均位居全球第二。

3.7.2 新竹科学工业园成功法则

新竹科学工业园在短短30多年的发展过程中，不仅集合了四方科技精英的加盟，促进科学技术与产业化的结合步伐，创造了经济产值，而且带动了整个台湾地区高新技术产业的腾飞。究其成功的原因，本书总结为如下几点。

3.7.2.1 台湾当局与新竹市级政府的通力支持，在物资投入、管理服务、政策引导等方面都起了积极作用

（1）在物资投入方面：园区初创期，台湾当局就开始大量投入，不断完善园内的基础设施，加强硬件环境的配套作用。

（2）在管理服务方面：园区制定的章程制度都是以园区企业和投资者为中心，为园区高效发展服务；另外，园区管理局为园区企业开通绿色畅通窗口，即凡是需要向政府办理的各种手续，都可以在政府设在园区管理局的特殊通道集中办理

完成。

（3）在政策引导方面：政府为入园的企业提供优惠政策，为企业的起步注入更多活力和提供良好的发展空间，而且制定相关人才引进政策，不仅可以吸引台湾本地的人才，还能吸引大量海归创业人才。

3.7.2.2 开放性网络结构，聚合高素质的人力资本

（1）在新竹科学工业园区内，有台湾顶尖的高校及 6 个相关领域的高科技重点实验室；园区东面的工业技术研究院，设有计算机与通信、光电、电子、机械、材料、能源与资源、化工 7 个研究所，以及测量、航天、纳米、工业安全卫生、生物工程 5 个研究中心。

（2）园区内企业员工的教育水平普遍较高，博士、硕士、学士、技工等人才拥有量超过台湾全省均值的 2 倍，平均年龄在 30~40 岁，偏年轻化，属于中坚力量。

3.7.2.3 高新区产业园的跨国合作交流

新竹科学工业园一直与硅谷保持密切联系，这种联系一方面与硅谷业务外包有关，但更重要的是台湾地区留学生回岛创业及结成的团体联盟。20 世纪七八十年代，硅谷将劳动相对密集的业务外包给台湾地区，与之相关的技术和资本也向台湾转移，这样就建立了一个长期的关联链条。新竹科学园正式成立后，由于台湾当局吸取了硅谷的发展经验，在对园区制定的宏微观政策中融合了硅谷的文化特点，为创业企业提供了与硅谷相似的文化环境，从而吸引了大批留学生到新竹科学园发展，并带来了大量的高新技术、资本和先进的管理理念。新竹科学园在与硅谷的频繁往来中，能紧跟尖端技术前沿的步伐，时刻更新和升级园区高新技术等级。正因为园区科技一直走在世界的前列，所以保持着对科技人才的持续吸引力，高素质的科技人力资本和高水平的科技知识资本使园区的发展更加高效、更加灵活、更适应市场变化。

3.8 我国北京中关村科技园区发展模式

3.8.1 中关村科技园区概述

中关村科技园起源于 20 世纪 80 年代初的"中关村电子一条街",是中国第一个国家级高新技术产业开发区、第一个国家自主创新示范区、第一个国家级人才特区,也是京津石高新技术产业带的核心园区。中关村科技园是我国体制机制创新的试验田,被誉为"中国硅谷"。1988 年 5 月,国务院批准成立北京市高新技术产业开发试验区,它就是中关村科技园区的前身,1999 年 8 月更名为中关村科技园区,中关村科技园区管理委员会作为北京市政府派出机构对园区实行统一领导和管理。中关村已经成为中国创新发展的一面旗帜,面向未来,要加快向具有全球影响力的科技创新中心进军。

中关村经过 30 多年的发展建设,已经聚集了以联想、百度为代表的高新技术企业近 2 万家,形成了下一代互联网、移动互联网和新一代移动通信、卫星应用、生物和健康、节能环保、轨道交通等六大优势产业集群,集成电路、新材料、高端装备与通用航空、新能源和新能源汽车等四大潜力产业集群和高端发展的现代服务业,构建了"一区多园"、各具特色的发展格局,成为首都跨行政区的高端产业功能区。

中关村是我国科教智力和人才资源最为密集的区域,拥有以北京大学、清华大学为代表的高等院校 40 多所,以中国科学院、中国工程院所属院所为代表的国家(市)科研院所 206 所;拥有国家级重点实验室 112 个,国家工程研究中心 38 个,国家工程技术研究中心(含分中心)57 个;大学科技园 26 家,留学人员创业园 34 家。中关村留学归国创业人才达 1.8 万人,累计创办企业超过 6000 家,是国内留学归国人员创办企业数量最多的地区。"高聚工程"共有 158 名高端人才及其团队入选,成长出以联想的柳传志、百度的李彦宏、博奥生物的程京、中星微电子的邓中翰、科兴生物的尹卫东、碧水源的文剑平、神雾热能的吴道洪等为代表的一批在国内外颇有影响力的新老企业家。2011 年 3 月,中央组织部、国家发改委等15个中央部门和北京市联合印发了《关于中关村国家自主创新示范区建设人才特区的若干意见》，中关村加快了人才特区建设。

中关村每年发生的创业投资案例和投资金额均占全国的1/3左右；截至2014年，上市公司总数达到254家，其中境内156家，境外98家，中关村上市公司总市值达到30804亿元。2012年8月，国家发改委等九部委和北京市联合发布了《关于中关村国家自主创新示范区建设国家科技金融创新中心的意见》，中关村将进一步建立并完善政府资金与社会资金、产业资本与金融资本、直接融资与间接融资有机结合的科技金融创新体系，加快国家科技金融创新中心建设。

中关村围绕国家战略需求和北京市社会经济发展的需要，取得了大量的关键技术突破和创新成果：涌现出汉卡、汉字激光照排、超级计算机、"非典"和人用禽流感疫苗等一大批重大科技创新成果，为航天、三峡工程和青藏铁路等国家重大建设项目实施提供了强有力的支撑；中关村企业获得国家科技进步一等奖超过50项，承接的"863项目"占总量的1/4，"973项目"占总量的1/3；创制了TD-SCDMA、McWill、闪联等86项重要国际标准，798项国家、地方和行业标准；技术交易额达到全国的1/3以上，其中80%以上输出到北京以外地区。

2018年10月，北京市出台《北京市推进建设"一带一路"三年行动计划（2018—2020年）》，将在"一带一路"相关国家重点城市建设一批特色鲜明的科技园区。按照计划，北京将以"三城一区"（即中关村科学城、怀柔科学城、未来科学城、创新型产业集群和中国制造2025创新引领示范区）为主平台，以科技园区合作、共建联合实验室、技术转移和科技人文交流等4个方面为重点，推进共建"一带一路"创新合作网络。

3.8.2 北京中关村科技园区特色

北京中关村科技园30多年间取得的成绩，说明中关村的发展之路有很多可以总结借鉴之处。作为我国最直接的参考样板，它的成功运作主要有以下特色。

3.8.2.1 政府的大力支持

中关村的建立初期及发展过程中都离不开所处的地区及整个国家的大环境的

影响，包括政治、经济、社会和技术等因素。中关村科技园区是我国大陆首个高新园区，国家倾力将中关村建设成为一个试验性和示范性的产业园区。因此，党中央、国务院对园区的发展给予了高度的重视和宏观上的领导，根据国内外的形势和园区发展的状况，在园区的发展关键时期都做出重要批示，出台了相应的扶持、鼓励创新、创业的优惠政策，大力吸引国内外优秀的研究开发人员、专业管理人才和技术领军人物到园区发展。

3.8.2.2 优质的人力资本和良好的科研氛围

中关村拥有高等院校 40 多所，高技术创新企业 2 万多家，国家级重点实验室 65 个，国家各类研究机构 140 多家，国家工程技术研究中心 32 个，国家工程研究中心 29 个，国家大学科技园 20 多家（包括北京大学科技园、清华大学科技园、北京航空航天大学科技园等）。中关村科技人力资本无论是数量上还是质量上都具有比较优势，高新技术企业的云集、高校和科研院所的积极配合参与、雄厚的基础设施、配套设施和专业性服务的支撑都为园区的不断发展做出了贡献，使中关村成为我国大陆地区规模最大、结构完善、体制合理、实力最强的区域创新系统。

3.8.2.3 产业纵横发展形成网链结构

（1）产业联合的带动作用。中关村从"电子一条街"逐渐发展起来，从最初单一的电子产业扩展到电子、信息技术、新材料、新能源与节能、环境与资源等产业，形成了很多产业链条交错成网的密切关联关系。这样的网链结构不仅可以将中关村科技型企业串联起来——竞争中求合作、创新中求共进、专业中求多元，而且能够加强国内各个高新园区甚至各地区的创新产业和传统产业合作交流，促进整个国民经济的发展。

（2）中外交流的带动作用。我国高新区的发展起于 20 世纪 80 年代，比欧美地区发展得晚；在经济实力和科技发展水平上，我国也与发达国家在整体水平上存在不小的差距。产业纵横发展的网链结构能够更好地与外界研发互动，结构上的每一个点、线、面都能够因为某一个与外界学习交流的机会而产生知识能量。

3.9 高新区发展模式及启示

截至目前，我国国家高新区数量已破百，基于地域主要分为三类，一是北京、上海、广州等中心城市设立的高科技园区，包括中关村、张江高新区等；二是经济发达地区的省会中心城市、沿海开放城市等因城市创新发展、产业转型升级而设立的高新区，包括厦门、宁波等地；三是老工业基地寻求经济突破而设立的高新区，包括大庆、襄阳等地。基于经济基础、资源禀赋、文化意识、政策支撑等多方面差异，我国高新区主要呈现五种发展模式。

3.9.1 我国高新区发展模式及其问题

3.9.1.1 五种高新区发展模式

一是基于丰富的科教智力资源，强化科技成果转化，实现高新技术产业发展，其中以北京中关村、武汉东湖为代表。园区依托本地高校、科研院所等丰富的科技资源，通过科技成果转化衍生出一批高技术领域的创新型中小企业，在高新技术产业发展和体制机制创新方面积累了成功经验并为国内其他高新区做出了示范。践行该发展模式的一个重要的前提条件是本地拥有优质丰富的科教智力资源，比如中关村示范区共有以清华大学、北京大学为代表的高校 41 所，以中国科学院、中国工程院所属院所为代表的国家（市）科研院所 200 多所。丰富的科教智力资源一方面为园区提供了大量高层次人才，另一方面通过大院大所的科技成果转化衍生出一批创业企业。2010 年中关村创办科技型企业超过 3000 家，九成以上是中小微企业。该发展模式下园区辐射能力、创新示范效应、科技创新地位将逐渐彰显，中关村正发展成为有影响力的全球科技创新中心和高新技术产业基地。

二是承接国际产业转移，吸引跨国公司入驻，形成企业空间集聚，加速产业集群形成，其中以上海张江高新区为代表。园区紧抓全球产业转移及服务资源转移的机遇，依托本地坚实的经济基础和广阔的发展腹地，为入园企业提供优惠政策，吸引高新技术企业特别是著名跨国公司入驻，并营造良好的创新创业环境，鼓励园区创业，以跨国公司和本地创业企业促进产业集群式发展。张江高新区积极承接 21 世纪集成电路、生物医药、软件等产业全球性转移，引进了一批来自欧美地区的跨国公司，通过大企业集团的辐射带动力引领园区发展。同时，张江高新区集聚了一批全国优质科教资源，搭建了服务创业者的若干创新平台，助推创新型企业成长。该发展模式下园区将借助跨国大公司链接全球人才、资本、技术等高端资源，融入全球创新链条，朝国际化、全球化发展。张江高新区到 2020 年已基本建成世界一流高新区，成为代表中国参与国际高新技术产业竞争的特色品牌。

三是区域创业文化氛围浓郁，高科技领域内创业企业支撑园区高新技术产业的领先发展，其中以深圳高新区为代表。园区营造了浓郁的创业氛围和良好的环境，吸引并支持科技人员、外来移民创办科技领先型企业，企业以技术领先优势逐渐成为全国乃至全球领先型科技企业，带动园区高科技产业发展。深圳作为移民城市，创业文化突出，高新区营造产业生态、人文生态、环境生态三态合一的综合环境，倡导"敢于冒险、勇于创新、宽容失败、追求成功、开放包容、崇尚竞争、富有激情、力戒浮躁"的创新文化，培育了一批以科技人员、外来移民为创业主体的、拥有技术领先优势的中小型创业企业，华为、中兴等正是由创业型企业逐渐成长为以技术领先优势取得行业话语权的国际性企业。该发展模式下园区创新创业文化特色突出、创业环境优良，逐渐成为创业企业的摇篮、高新技术产业集聚区，深圳高新区旨在成为"创业的沃土、成功的家园"，力争成为全球高技术产业重要增长极。

四是承接日韩等国的制造业转移，迅速做大园区经济体量，其中以苏州、无锡等地高新区为代表。经济发达地区的园区抓住全球制造业转移的机遇，尤其是主动承接日、韩等国家和港台地区制造业产业转移，以土地、税收等优惠政策和劳动力、区位交通等优势吸引国际大型制造企业建设生产基地，同时引导本地充裕的民间资本投向为大型制造企业配套的民营企业，以粗放式增长实现园区崛起。苏州高新区践行以外向型经济为特征的苏南模式，吸引了华硕科技等一批台资、日资制造类企业迅速实现经济规模扩张。随着创新全球化的深入，该模式下园区逐渐从制造向研发、设计等产业链前端转移，通过引进大院大所强化科技成果转化，鼓励创业孵化，逐渐从传统经济向知识经济、新经济模式转变。2006 年后，无锡高新区以"530 计划"集聚创新创意创业领军型人才，构建以企业为主体、产学研相结合、开放联合的创新体系，布局物联网等新兴产业，力争成为中国新经济的中心之一。

五是依靠招商引资、退城进园等方式推行外来植入式发展，此种以中西部省会中心城市及二、三线城市高新区为代表。偏远地区经济较为落后，开放意识不强，资源吸附力较弱，其高新区主要承接国内沿海地区制造业转移及部分国际产业转移，通过招商引资、退城进园等方式集聚一批以传统制造业为主的项目。该模式下园区涉及产业领域较为综合，项目科技含量偏低，企业类型主要以国有企业、中小型制造类民营企业为主，园区创新资源匮乏、科技创业型企业较少。地处三线城市的济宁高新区通过招商引资引进小松山推等一批制造类企业，产业领域涵盖工程机械、纺织服装、生物化工、汽车及零部件等，企业生产加工特征明显。该模式过于依赖招商引资对产业的支撑，本地自主创新能力较弱，部分园区正逐渐转向招商引资和自主创新双轮驱动，注重通过科教资源提升产业层级，培养内生发展动力，真正实现国家级高新区"四位一体"的功能定位。

3.9.1.2 高新区新时期新变化

国家高新区历经了两个发展期，第一个时期是 20 世纪 90 年代，即"一次创业"，以"两免三减半"等政策和土地优惠为特征。第二个时期是 21 世纪前 10 年，即"二次创业"，以内涵增长为主要特征，旨在实现五个转变，即由主要依靠土地、资金等要素驱动向主要依靠技术创新驱动转变；由依靠优惠政策、招商引资向优化创新创业环境、培育内生发展动力转变；推动产业发展由大而全、小而全向集中优势发展特色产业、主导产业转变；由注重硬环境建设向注重优化配置科技资源和提供优质服务的软环境转变；由面向国内市场为主向"引进来"与"走出去"相结合、大力开拓国际市场转变。"二次创业"中后期，国家高新区发展模式开始在坚持内涵增长、实现五个转变中呈现出一系列新变化。

第一个变化是原有发展模式的优化提升，部分园区开始转型发展，依靠创业发展新兴产业，以无锡高新区为代表。2006 年后无锡高新区推进转型发展，从战略定位看，由单纯的工业园区向综合性、多功能科技新城转变。从发展路径看，逐渐摆脱以大企业、大项目发展产业的路径依赖，更加注重以创业企业发展新兴产业。从产业形态看，由制造业向先进制造业和现代服务业并举转变，更加注重布局新兴产业。从企业类型看，不再以跨国大企业集团为主，创业型科技中小企业数量渐增。无锡高新区基于对全球产业趋势的判断，引进了施正荣等一批创业人才和创业团队，强化科技创新资源引进和平台搭建，推行金融创新，逐渐实现"人才＋科技＋金融"的有效融合，抢占了物联网、太阳能等新兴产业发展的先机。

第二个变化是呈现出新发展模式，部分园区探索彰显本地特色的发展之路，以东莞松山湖高新区为代表。松山湖高新区在成立之初定位很高，旨在以高新区的科技创新引领东莞全市产业转型升级。围绕本地产业转型创新需求，有针对性地引进科技创新资源，搭建东莞华中科技大学制造研究院等11个高水平创新平台，通过高端要素资源的集聚为区域产业转型升级提供技术、人才、信息服务。松山湖模式的核心在于引进创新资源服务大区域产业转型升级，独特性在于高起点规划、崇尚创新并注重功能、形态与产业的融合发展。松山湖高新区下一步将沿袭中关村的发展路径，以研发服务、信息服务等高端服务业为主导，总部经济等新兴业态将蓬勃兴起，逐渐朝总部型、服务型、研发型园区发展。

第三个变化是高新区资源更加聚集，园区专业化、特色化发展特征明显，以大连高新区为代表。国家创新型特色园区的创建旨在引导园区在发展定位、产业选择、发展模式和发展路径上特色鲜明，鼓励园区进行资源聚集，彰显本地产业特色，打造园区品牌。特色园区更加强调产业集群式发展，将土地、资金、人才等各方面资源聚集于1~2个产业，引导园区产业从综合向专业转变，倾全区之力打造特色产业品牌。大连高新区将资源聚集于软件与服务外包产业，旨在成为大连建设全球软件和服务外包新领军城市的先锋，成为软件和服务外包"中国第一，世界第一"的主力。保定高新区聚焦光伏新能源产业，力争打造"中国电谷"；包头稀土国家高新区聚焦稀土功能新材料和应用产品，力争打造"稀土之城"。

国家高新区第一个10年以布局为主，第二个10年更多地体现5个转变。从目前国家高新区总体发展现状来看，存在着战略性新兴产业和现代服务业培育不够、产业国际竞争力不强、资源能源消耗较大等问题。未来高新区面临全新的发展环境，经济全球化、创新全球化深入发展，科技创新孕育新的重大突破，新一轮产业革命蓄势待发。在此大背景下，高新区应积极响应国家转变经济发展方式的要求，走适合自身的科学发展道路，在节约资源能源、机制体制建设、摆脱原发展路径依赖、优化园区环境等方面进行深层次的探索。因此，进一步提升园区科学发展水平、创新园区发展模式、转变园区经济发展方式将是未来高新区新一轮发展的核心任务和关键命题，强化自主创新、布局新兴产业、建设生态园区等将是新一轮发展的工作重点，探索具有时代特征、区域特色的科学发展、和谐发展模式将是新一轮发展的战略目标。

近年来，高新区纷纷变身为科技城，科技创新成为我国产业发展的重要驱动力之一，大数据、云计算、人工智能、物联网、生物科技、区块链、传感器、5G技术等新技术和热门产业快速发展，与此同时，国内众多科学城、科技城在各地蓬勃发展。而科技城建设方面最具代表性的要属由中组部和国资委在北京、天津、杭州、武汉四地试点建设的北京未来科技城、天津未来科技城、武汉未来科技城、杭州未来科技城（见表3-1）。

表3-1　未来科技城一览

名称	城市	规模	定位	目标	主导产业	建设时间
北京未来科技城	北京昌平区	10平方公里	具有世界一流水准、引领应用科技发展方向人才创新创业基地	一流科研人才的聚集高地、引领科技创新的研发平台、全新运行机制的人才特区	新能源、新一代信息技术、节能环保、航空、新材料	2009年7月
天津未来科技城	天津滨海新区	175平方公里	首都功能疏解的承接基地、链接全球创新要素资源的高端产业新城	全球科技创新中心、彰显智慧活力的宜居乐业新城、凸显生态特色文化旅游新城	新能源、新一代信息技术、航空航天、生物技术、高端装备制造	2011年4月
武汉未来科技城	武汉洪山区	66.8平方公里	世界级科技创新中心	新兴产业高地、高端人才聚集区	光电子信息、生物医药、能源环保、现代装备制造、高科技农业	2010年10月
杭州未来科技城	杭州余杭区	113平方公里	国际一流创新研发中心	创新策源地	电子信息、生物医药、新能源、新材料、装备制造	2011年12月

3.9.1.3 高新区发展面临的问题

总体来看，科技城能够更有效地引领城市高质量发展，科技城的发展以"创新"、"人才"为核心驱动力，对城市的空间布局、产业转型发展、营商环境、人才引进、就业环境等产生重大影响。但在实际建设运营过程中，却面临诸多问题。

（1）投资热度过盛

用"遍地开花"来形容各地科技城毫不为过，除了国家重点建设的几个科学城、科技城之外，全国各地纷纷掀起"科技城"建设，只不过新城新区多以各类工业园区、产业新区、开发区、高新区为幌子，如今换成科技城、生态城、科学园而已，本质上来说依然是依赖于城市扩张和土地开发。

多年前全国多地曾集中建设新区、新城，很多新城规划面积达到了现有城市面积的一半左右，众多省会城市均提出要建设新城新区，当年国家发改委实地调研的 161 个县级城市中，就有 67 个提出新城新区建设，更不必说省会城市和地级市。除了国家层面的知名科学城、科技城之外，全国各地不同类型的科技园区、科技城也在加速布局，国内科技城如雨后春笋般快速涌现。

近年来的科技城、科技园建设热潮与之前的新区、新城相比有过之而无不及，同样存在"热度过高、数量过多"等问题，甚至一些科技创新资源匮乏的小城市也在推动建设所谓的科技城、科技园、生态城等，缺乏有效的产业和人才支撑且建设标准较高，与本地实际条件不符，有些县市甚至把科技城作为房地产开发和提升土地价值的手段。

可见众多中小城市在发展的过程中仍陷入土地资源驱动的路径依赖，仍热衷于城市空间扩张和单纯追求土地增量，如果不尊重城市发展和产业发展规律，盲目建造"科技城"的隐患将不容忽视，由于科技城建设对各项基础设施的投入较大，成本回收周期较长，最终结局可能无法收场。

（5）无序竞争加剧

在综合性国家科学中心的竞争中，继上海张江综合性国家科学中心之后，2017 年 1 月合肥成为第二个综合性国家科学中心，2017 年 5 月北京怀柔成为第三个综合性国家科学中心，2019 年，粤港澳大湾区综合性国家科学中心横空出世，深圳成为"综合性国家科学中心第四城"。这些城市具备较为雄厚的科研实力，拥有大科学装置、研究型大学科研院所及顶级企业研发中心，以此在综合性国家科学中心的竞争中立于不败之地。

与此同时，各地对于科学城、科技城的竞争和较量一直是暗流涌动，目前全国提出建设综合性国家科学中心的城市就至少有十个之多，其中成都、重庆、西安、武汉、南京、广州、济南、杭州、兰州、沈阳等均在"十四五"规划中提出要打造建设综合性国家科学中心，并围绕这个目标建设科技城。然而对于不具备优质科研资源和研究型科研院校的城市来说，如果对高端科研资源和高端人才进行无序竞争，那么科技城将出现重复建设，最终将造成资源浪费。

有不少城市在规划定位科技城时，均提出要高起点定位、高标准规划建设，从各地科技城的定位来看，大多都提出"全球创新高地""世界级""国际一流"、"对标硅谷""科技先锋""创新第一城"等口号，却忽视了自身在科技研发、高端人才以及科技企业方面的条件和基础，脱离了发展实际。

概念混淆，各类新词新概念层出不穷。科学城、科技城、科学谷、智慧谷、创新港、创新谷、智慧岛、科创走廊等各类新词满天飞，与互联网圈、风投圈通过包装和炒作新鲜概念包装上市颇有几分相似。

（3）创新环境不佳

与国外先进科技城和国家重点布局的国家科学中心相比，目前我国众多省市加速布局的科技城，基本上可以说是科技型企业和高等院校分校的集中地，主要是产品的加工生产基地，而在基础研究和重大技术研发等方面投入较少。同时存在营商环境不优的现象，诸如政务服务的便利性欠缺，行业部门之间主动配合协调不够，对于科技型企业的优惠政策落实难等；部分科技城在人才就业居住环境、人才扶持政策等方面不完善，并不能有效引进高水平、跨行业复合型人才，高端创新型人才不足已经成为制约各地科技城高质量发展的重要瓶颈。

3.9.2　国内外高新区发展启示

从英国剑桥、美国硅谷、印度班加罗尔、韩国大德、新加坡高新区等国内外高新区的发展历程和取得的辉煌成就来看，我们可以得到如下几点有益的启示：

启示之一：**高新区是实现产业升级的重要形式，是建设创新型国家的基因工程。**

创办高新区是 20 世纪最重要的创举之一。从 1951 年斯坦福研究园成立到班加罗尔，它们的发展就是世界高新技术产业发展的缩影。高新区"产、学、研"三位一体的发展模式，在促进国家和地区的产业结构升级中发挥了重要作用，成为许多国家和地区用以发展区域经济和高新技术产业的重要手段。

建议从国家层面构建"金字塔"形创新载体体系，以综合性国家科学中心（北京怀柔、上海张江、安徽合肥、粤港澳大湾区）为"塔尖"，集中布局建设世界一流的重大科技基础设施集群，以区域性科学中心、科技城为"塔身"，打造区域性创新高地，以各类创新孵化器和双创空间为"塔基"，形成创新载体"金字塔"体系，并明确各类城市在"金字塔"体系中的定位和分工，使各地在规划建设科技城的时候能够有章可循，不会陷入盲目建设的局面。

对于确需建设科技园区的城市来说，需要在开发建设之前，提前谋划，科学论证，摸清自身家底，因地制宜，而非盲目追求高大上，对于科研资源尚不足以支撑国家科学中心建设的城市来说，从实际出发，退而求其次建设区域性科学中心也不失为一种好的选择。加强高新区定位研究，明确自身功能分工，科学预测发展规模。

启示之二：**高新区建设区位因素不可忽视。**

无论是硅谷还是班加罗尔、新竹、中关村，其区位优势都非常明显。优越区位因素的基本要求是：强大的科研资源、优越的地理位置、良好的自然环境等。中国高新区在建设发展的过程中，也应充分重视区位因素，综合考虑各方面因素，切忌盲目蛮干。

政府导向型管理模式是我国大多数高新技术产业园区运用的管理模式，设置了4级管理体系：（1）以省区市领导为核心的领导小组，主要负责高新区重大问题的协调和决策；（2）高新区管理委员会（简称管委会）作为政府的派出机构，在高新区内代政府行使管理职能，管委会负有经济管理权限和相应的行政管理职能；（3）工委或党委与管委会联合办公，下设必要的分支机构，实行责、权、利配套的高效运转管理体制；（4）高新区中介服务，园区对企业或科研机构实施间接的法制化管理，为其提供各种社会化服务。按照管委会权限范围、实行的财政体制差异以及政府和企业关系的不同，政府导向型管理模式还可分为政府委派机构管理型、园区整合管理型、独立行政区管理型等。

启示之三：政府的作用至关重要。

除了硅谷，班加罗尔和新竹的发展都打上了深深的政府烙印，它们都是在政府的支持帮助下成长起来的，政府的影响无处不在。政府"有形的手"和市场"无形的手"相结合，催生出最活跃的生产力。

启示之四：人才是高新区发展之本。

与传统产业不同，高新技术产业是知识、技术密集型产业。这类产业的竞争，归根到底是人才的竞争。硅谷、班加罗尔和新竹的发展经验证明，创办高新区的一个关键因素是有大批人才。没有人才，高新区的发展也就成了无源之水、无本之木。作为高新区，应该围绕为企业提供精准服务、贴心服务，制定人才强区战略，尽最大努力满足安家落户、科技研发、住房保障、医疗保障、子女入学等现实需求，努力为各类人才营造一个良好的工作环境、人际环境、生活环境，使企业形成广纳人才、服务人才、留住人才的比较优势，实现高新区与企业发展共荣。

启示之五：完善高新区功能布局，构建既根植本土又面向未来的科技创新体系。

创新是推动生产力发展的重要环节，没有创新，高新区的存在也就失去了其意义。成功的高新区时刻都在创新：通过技术创新实现产品的更新换代，领导世界产业潮流，通过制度创新，进一步完善风险投资机制、孵化器功能。创新是所有高新区成功的法宝之一。

进一步优化完善高新区功能布局，对科创型产业、居住配套和生活服务要均衡合理布局，不能顾此失彼，不能把高新区建成一个纯粹的科技产业园区，也不能把高新区当成房地产开发的幌子。

对于产业发展，需要结合自身产业基础，有针对性地推动特色优势产业的转型创新，而非一味瞄准大数据、人工智能、5G 技术等热门产业，在科技研发方面要突出自身产业特色，避免同质化恶性竞争。

以郑州为例，目前正在积极谋划和推动以中原科技城为龙头、以郑开科创走廊为引领，大力建设以新一代信息技术、大数据、人工智能、网络安全、生物医药等为核心的系列科创空间载体。整体来看，未来郑州科创的核心应在于找长板、补短板，其中更核心的是做长板，并使长板足够长，使潜在对手难以望其项背，但目前来看，其发展重心似乎更集中于补短板。

首先，对于新一代信息技术，河南有产业和研发基础，并在全国市场层面有相当的分量和话语权，将此作为发展核心值得肯定。而在大数据、人工智能上河南实际并不占优势，而且与本土现有产业体系契合度并不高，极易与其他地区形成同质化竞争，更重要的是与本地产业体系相对脱离，难以有效融合。结合当前整体形势，尤其需要看到粮食安全和种质资源被提升到前所未有的战略高度，河南作为粮食核心主产区，聚焦种质资源研发，政策优势得天独厚；同时，结合河南自身资源禀赋——能源矿产资源、生物资源和中医药资源丰富，特色和主导产业中能源化工、食品、中医药等产业体系发达、研发实力雄厚、市场前景广阔；因此，若能围绕种质资源、新能源、能源深加工、高端食品、中医药等自身特色领域重点发力，久久为功，必定能走出一条真正适合自身，创新链、产业链和价值链三链融合的特色化科创发展之路。

启示之六：创新多元化运营管理模式，优化创新环境。

高新技术企业的发展需要有完备的服务体系为支撑，这既包括完善的硬件服务体系，如高质量的基础设施、生活环境服务等，也包括完备的软件服务体系。硅谷、班加罗尔和新竹的发展过程也向我们昭示了这一点。高新区具有天然的高度市场化属性，需要高超的市场化运营手段，高端市场型、高级技术型运营管理人才和运营机制及模式。

从目前国内众多省区市开发建设的高新区的运营模式来看，多数是以地方主导为主，建议高新区的建设运营模式可以逐步向市场化方向努力，地方只作为前期推动高新区建设的一种力量，在后期发展中逐渐减弱，而在具体规划建设、开发运营上可以由市场化专业团队来推动，鼓励高新区成立市场化运营公司或通过引入战略投资者等方式，承担高新区的开发建设、招商运营、专业化服务等功能，这样更有利于高新区的招商、科技成果转化、创新平台集中打造等。尤其要注意引进和培养高端运营管理人才，通过定向选聘、竞争聘任、社会公开招聘等方式聘任上岗，甚至从科技型 500 强企业中高薪招聘科技人才，实施全员绩效考核，推行全员绩效工资制和薪酬激励。

正如硅谷科创资源与金融资本相伴而生、合肥科创与地方风投相得益彰，科学城和高新区一定要善用金融资本力量，科创中心与金融中心协同推进，推动各类投融资平台和产业发展基金平台同步建设。

同时积极优化创新环境、营商环境和人才服务环境等，加快推进龙头企业研发平台建设，推进高新区与高校、科研院所等共建创新联合体、科研工作站、技术转移中心等，促进科技成果转化落地；鼓励和吸引行业龙头企业设立研发中心，引进并聚集行业领域顶尖研发、检测、设计单位与第三方实验室，构建以企业为主体、产学研融合的创新体系，提升企业的创新能力。

4

高新区科技人力资本生态拟合的模型基础

　　本章对生态学相关理论,诸如生态系统、生态场、生态位及其测度(生态位宽度、生态位重叠)、生态位构建、生态优势度、多样性指数、均匀度指数、协同进化、定向进化和共进化等进行概述,并将这些理论与社会学中的人力资本理论结合起来研究。这些理论描述生态系统中的群落、种群的原生态生活的特点,种群的繁衍生息、群落内各种群的相互作用及整个生态系统与群落、种群之间和谐发展的关系。

　　对于高新区科技人力资本研究来说,人力资本有其原生态的承载体的特征、人力资本本身积累和存量增加的过程,这些与人力资本所在的高新区社会系统、社会群落、社会种群都是息息相关的。因此,从人力资本基础理论的源头去研究高新区科技人力资本仿生态势,具有十分重要的理论意义和实践参考价值。

4.1　生态学及生态系统概述

4.1.1　生态学及其应用研究

　　德国生物学家恩斯特·海克尔于1869年给生态学下的定义是:生态学是研究生物体与其周围环境(包括非生物环境和生物环境)的相互关系的科学。随着科学技术的不断进步与人类文明程度的不断加深,社会科学文化知识的交融频次增多,交叉学科的作用日益凸显,生态学也不例外。因此,生态学从内容上可进行以下分类：

（1）按生物类别可分为微生物生态学、植物生态学、动物生态学、人类生态学等。

（2）按生物范畴结构可分为个体生态学、种群生态学、群落生态学、生态系统生态学等。

（3）按生物生存环境可分为陆地生态学（森林生态学、草原生态学、荒漠生态学、土壤生态学等）、水域生态学（海洋生态学、湖沼生态学、流域生态学等）。

（4）按非相关性交叉学科衍生可分为数学生态学、化学生态学、物理生态学、地理生态学、经济生态学。

（5）按相关性交叉学科衍生可分为生理生态学、行为生态学、遗传生态学、进化生态学、古生态学等。

（6）按应用性功能导向衍生可分为农业生态学、医学生态学、工业资源生态学、环保生态学、环境生态学、城市生态学、景观生态学等。

本书对高新区科技人力资本的研究引入生态学模式，从内容上从属于上面第4类和第6类的结合，具体来讲是管理生态学、工业资源生态学及环境生态学等相关知识结构的融合。利用生态学内在普适性的大自然法则去还原人类社会某一个经济现象的本质，从根源上对区域经济发展、科技知识运用及人力资本的开发相互作用关系，用生态学理论去仿真模拟，找到其最佳拟合度，并发掘问题和解决问题。

4.1.2　生态系统与人类学研究

生态系统（ecological system）的概念最早由阿瑟·乔治·斯坦利（Sir Arthur George Tansley）于1935年提出，其理论受到当时的丹麦植物学家叶夫根·尼温（Eugenius Warming）的影响。他认为，生态系统是指在一定的空间和一定的时间，由生物群落与其环境组成具有一定大小和结构的整体，其中各生物成长借助物质循环、能量流动、信息传递而相互联系、相互影响、相互依赖，形成具有自适应、自调节和自组织功能的复合体。生态系统由无机环境和生物群落两部分组成，其中，无机环境是维持生态系统整个运作的基础保障，是生物群落的承载体，它的好坏直接决定了生态系统的复杂程度和生物群落的丰富程度；生物群落在生物系统内适应环境、利用环境、改变环境，同时，生物群落的丰盈度也会在一定程度上带来无机环境的富饶及改善其本身的承载能力。

生态系统不仅在生态学、生命科学等领域发挥着重要作用，在社会科学领域同样备受学者青睐，取得了很多颇有价值的创新思想和实践成果。单说生态系统功能，社会生态系统为人类提供了自然资源、生存环境两个方面的多种服务功能，这些是人类生存的基础。人类生态学中的生态系统只有保持结构和功能的完整性，并具有抵抗干扰和恢复的能力，才能长期为人类社会提供服务。因此，科技与人力资本领域的研究当中，很多模块都引用生态系统理论进行解析。

梁留科于 1989 年在《论人与生态系统关系的历史演变》一文中谈到人与生态系统关系的四种关系：自然人是生物生态系统中的一员，体力人使农业生态系统出现，社会人建造了城市生态系统，以及智能人来还原、改善和优化生态系统。

朱晓刚于 1997 年发表的《科技生态系统的优化》一文中，科技生态学即研究各科技要素之间及其周围经济社会环境之间相互关系的学科。他主要从科技生态系统的科技主体活力、科技受体需求、科技媒体素质和科技体功能四个环节进行论证和优化。

吴长年、魏婷于 2005 年发表的《开发区生态系统健康研究——以苏州高新区为例》一文，搭建了开发区生态系统健康评价指标，共分三个层级，一级指标描述了开发区生态系统活力（自然活力、经济活力、社会活力）、组织结构（自然结构、经济结构、社会结构）、恢复力（自然恢复力、经济恢复力、社会恢复力）。

黄梅、吴国蔚于 2008 年发表的《人才生态链的形成机理及对人才结构优化的作用研究》一文，论述了人才生态链具有独特的科学内涵和内在形成机理，从自然系统的食物链引申出人才生态链，认为人才生态链的动力基础包括经济动因、生态动因和自我完善与发展动因。

本书所研究的高新区科技人力资本生态拟合度将涉及特殊区域——高新技术产业园区生态系统和它的亚生态系统——人力资本生态系统的循环交流往复的过

程。生态学生态系统理论认为，一个生态系统内存在若干亚生态系统，亚生态系统与它的生态系统及亚生态系统之间并非独立的，它们之间是相辅相成的关系，具有能量的互相补给、传递及耗散，在整个系统健康良好的运行中，每个群落、种群都会根据生态系统的位势差来找寻最合适的"食物链""食物网"及"营养层级"。

4.2 生态位及其测度研究

4.2.1 生态位理论研究

生态位（niche）的研究已经历经百年，早在 1894 年，密执安大学学者斯特里茨（Streete）在解释鸟类物种分离而居于菲律宾各岛现象时，对"生态位"就很感兴趣，但未做任何解释；而最早使用"生态位"一词是在 1910 年，约翰逊（Johnson）提出"同一地区不同物种可以占据环境中不同的生态位"。从生态位诞生至今，国外相关研究层出不穷，对其理论的深度和宽度都进行扩展和完善。我国开始全面介绍该理论并开展相关研究是从 20 世纪 80 年代起，取得了很多颇有建树的成果，如王刚等的"物种之间及其与生境间的特殊关系"，刘建国等的"扩展生态位理论"，张光明等的"生态位本质上是物种在特定尺度下、特定生态环境中的职能地位"，朱春全的"生态位的态势理论"等。

迄今，关于生态位出现了很多理论，其中最具代表性的有 3 种：（1）美国学者格林尼尔（Grinnell）的"恰被一个物种或亚种所占据的最终的分布单元"，说明了在同一区系中没有两个物种占据完全相同的生态位，人们称之为空间生态位（spatial niche）；（2）埃尔顿（Elton）的"一种动物的生态位表明它在生物环境中的地位及其与食物和天敌的关系"，即认为生态位是物种在生物群落中的地位和角色，故人们称之为营养生态位（trophic niche）或叫功能生态位（function niche）；（3）哈奇森（Hutchinson）对生态位提出了更实用的定义，他认为生态位是每种生物对环境变量（温度、湿度、营养等）的选择范围，因为环境变量是多维的（三维变量成为体积），称为超体积，进而称之为超体积生态位。

4.2.2　生态位宽度计测模型

生态位宽度（niche breadth）又称生态位广度（niche width）（van Valen，1965；McNaughton et a1.，1970）、生态位大小（niche size）。关于其概念，各生态学家对它的含义界定各有不同，笔者结合论述内容给出如下定义：人力资本本身所利用各种资源总和的幅度或利用资源多样化程度，即在资源轴上获得的资源的区间长度。生态位宽度计测应包括在该资源位所占的比例和该资源位上的资源利用率。本书的人力资本生态位在一维生态因子公式是在 Simth（1982）所提出公式的基础上进行改良细化，主要分以下几步计算公式：

$$B_{xhy}=\sum_{z=1}^{m}\left(p_{xhyz}\cdot q_{xhyz}\right)^{1/2} \tag{4.1}$$

式中：B_{xhy} 是人力资本 x 在第 h 个资源位上的第 y 个生态因子的生态位；p_{xhyz} 与 q_{xhyz} 是第 x 个人力资本类在第 h 个资源位上的第 y 个生态因子的第 z 个细分因子所占的比例与资源利用效率；m 是第 y 个生态因子的细分因子数。下同。

$$B_{xy}=\sum_{h=1}^{n}\sum_{z=1}^{m}\left(p_{xhyz}\cdot q_{xhyz}\right)^{1/2} \tag{4.2}$$

式中：B_{xy} 是人力资本 X 在所有计测资源位上的第 y 个生态因子的生态位；n 是资源位个数。下同。

$$Q_{xhyz}=K_{xhyz}\cdot W_{xhyz} \tag{4.3}$$

式中：K_{xhyz} 是第 x 个人力资本类在第 h 个资源位上的第 y 个生态因子的第 Z 个细分因子的利用率；W_{xhyz} 是第 x 个人力资本类在第 h 个资源位上的第 y 个生态因子的第 z 个细分因子的成就量 / 收获量与测算的所有人力资本类对应的成就量 / 收获量总和之比；

$$B_{xy}=\sqrt{\sum_{y=1}^{l}\left(C_{y}\cdot B_{xy}\right)^{2}} \tag{4.4}$$

式中：B_x 是人力资本 x 的综合生态位；C_y 是人力资本 x 各生态因子生态位的

权重；l 是人力资本 x 所占的生态因子个数。

4.3　生态场理论研究

4.3.1　生态场研究综述

生态场（ecological field）最早是在 1985 年由 W. Hsin, J. Walker 和 P. J. H. Sharpe 等学者提出，受物理学"场论"思想的启示，他们第一次在生态学分析中引入了生态场的概念，提出了解释植物与环境相互作用的植物生态场理论。生态场理论进入我国，有资料可查的最早的研究是在 1989 年，王振堂、吕凤、张济民（1989）给出了生态空间和生态场的定义，生态空间是生物进行生命活动的空间及与生物有关联的非生物环境空间；生态场则是生物或显现生物特征的量在生物空间上的分布，公式为 $u(x,y,z)=0$，其中（x,y,z）为生态空间。王根轩（1993）给出的定义是：生物的生命过程与环境相互作用产生的综合生态效应的空间分布。王德利（1994）的定义是：生物与生物之间及生物与其环境之间相互作用形成生态势的时空范围。邹锐（1995）给生态场的定义为：由于生物的生命存在及存在状态的改变所引起的有关生态因子空间、时间分布的不均匀性而产生的生态系统态势。何池全、赵魁义、赵志春（2000）认为湿地生态场具有客观实在性、混沌性、时变特性、弥散性、可感知性、间接可测性、可叠加性。杨从党（2012）将生态场理论应用到作物研究领域，在农作物的育种、生理、栽培等方面提出指导建议。

从生态场理论研究成果和研究领域来看，生态场理论研究进展较慢，即使是在生态学领域，它的应用范围也多数限于植物中的林木研究，也有学者尝试将其应用于湿地、作物和城市绿地等研究，取得了一定的研究成果。生态场的物质性、无形性使其在概念上比较模糊，另外，现有的测度生态场的模型应用性较差，导致生态场理论研究进展比较缓慢。然而，生态场在研究生态系统群落中个体的空间作用，特别是个体之间的动态竞争等方面具有重要的意义，因此，本书研究对象高新区科技人力资本间及与生存的环境的空间作用将借用生态场理论进行描述和分析。对于生态场在社会科学科技人力资本上的定义，本书结合上述学者在自然科学领域对其的定义，认为科技人力资本生态场是指特定区域从事科技工作的人们之间及他们与其环境之间在生态位上利用生态因子的能效分布程度和状态。

4.3.2　生态场特征描述

在生态学研究层面，有关学者认为生态场具有几个特性：

（1）生态场的客观存在性。确定生态场该特性是生态场理论深入研究的基础和保证。虽然生态场类物理场是无形的，但其表现在生物体征之外可以证实，因此，它具有物质性的客观存在。

（2）生态场的可叠加性。可叠加性即指生态场之间可以同一时间位于同一空间，每一个场都不是孤立的。某一生物体的生态场以该生物体为心向外呈放射状，在一个生态系统中它可以存在任一生物的生态场，只是其强度随空间距离变化而变化。

（3）生态场的可测性。生态场以无形状态存在，准确测量它以目前的科技水平还难以达到，但是可以通过已知的生态学方法测定某生物体周围的相关生态因子的动态变化和相对应的生态因子的生态效应系数，得到生态场分布规律。对其生物体生命活动的环境介质在一定的条件下，使部分生态因子不变，而测量某个或某几个的因子的变化值，即可大致测算出生态场的强度。

高新区科技人力资本同样具有生态场的三个特性，科技人力资本种群内部个体之间相互的作用力与反作用力随着个体在高新区生态系统内特征值的大小变化而变化，其场域的强度是可以感知的、可间接测量的；且种群内个体之间由于工作内容、工作性质、工作时间、工作空间等维度的交叉，每个个体都不是孤立的，而是相互协作、相互竞争、相互影响的，个体感知其他外来个体生态场是不唯一的，其多重生态场是可叠加的。

4.3.3　生态场研究意义

生态场理论的研究从诞生到现在已有 35 年的历史，但是它的理论研究和应用研究的领域仍主要在生物学和生命科学领域，研究对象也往往局限于植物研究。这是因为生态场是研究生物生命活动的空间分布及其所依存的无机环境的空间作用，对于植物来说，生命活动在地理空间上相对固定，使研究的基础数据容易获得且相对准确。然而，昆虫、动物甚至人类社会变动性较大，研究对象、对象活动特征和变动因素等都处在动态中，研究的难度更大，因此，相关的理论研究成果和应用研究成果比较缺乏，但是这不能抹杀生态场研究的重要意义和未来拓展到其他学科研究后所能发挥的重要作用，从植物为对象的生态场研究作用和意义上可见一斑。

（1）生态场研究对生态系统的种群生态机理分析提供了支持和参考。对于同种植物，由于它所生存的地形地势的不同，其生长态势及繁衍的种群空间分布存在显著的差异。例如，种群繁衍的原生核即初态生物个体如果位于平坦台地，则繁衍的种群场近似于圆形；种群原生核若位于山地缓坡上，则种群场呈现椭圆状；种群原生核若位于山脊上，则种群场的形状呈现几个椭圆相交状；种群原生核位于凹沟的中央，种群场的形状则近似菱形；种群原生核若位于陡峭的悬崖上，种群场则可能是不规则形状。

（2）生态场研究对生态系统的种群分布密度和丰硕度分析提供理论度量和价值应用。生态场研究的是生态空间里作用力与反作用力的相互影响，对于野生的完全自然态的植物来说，它在空间分布上出现种群的种内场和种间场的分布特征，表现为有些植物丛生，有些植物间生，有些植物独生。然而，在人为条件下经济林、防护林栽种和作物种植等也应该考虑到生态场的作用，选择合适的生态空间布局，以最优的搭配达到最大的投入产出比，减少资源的浪费。

（3）生态场研究对生态系统的群落之间、种群之间及生物个体之间的关系起到一种协调作用，将远离平衡态的系统通过无形的场力作用连接起来，使系统内的生物在场力作用下重新调整位置，保持生物个体最佳生存状态，并使生态系统重新回到动态平衡状态中。生态场存在和效用的发挥是靠生态系统内种群个体发出场力，并在生存和活动的系统空间内不同场力强弱叠加形成，生态场随生态系统生物个体的复杂性而呈现较强的弹性调节作用，一旦生态系统内生物种类和数量减少并灭绝，生态场也就会逐渐减弱直至消失。因此，生态场是维系生态系统内生物间作用的纽带，生物间通过生态场作用而互为资源被直接和间接利用，它对一个生态系统的长期存在和正常运行起到连接和保护作用。

4.4 生态优势度理论研究

4.4.1 生态优势度计测模型

生态优势度（ecological dominance）或称集中优势度（dominance concentration），是反映综合群落中各个物种重要性和各种群优势状况的指标，也是群落结构的一个度量值。生态优势度在植被生态学中受到学者们的密切关注，但是从文献资料索引来看，目前国内外这方面的研究工作还在进行中，可以借鉴的成果很少。由于本书研究主要从社会科学层面入手，引入生态学的一些思想及相关理论，建立科技人力资本生态优势度的定性和定量分析的模型。本书在参考了王伯荪和彭少麟的《鼎湖山森林群落分析——生态优势度》（1986），钱宏的《长白山高山冻原植物群落的生态优势度》（1990），蔡飞的《安徽黄山北坡常绿阔叶林的生态优势度和物种多样性的研究》（1993），陈学林、巨天珍的《甘南合作和肃南马蹄中国沙棘群落的物种多样性和生态优势度》（1996）等相关文献资料后，决定采用如下公式。

4.4.1.1 各种群的重要值公式

$$IV_k = \frac{1}{m} \sum_{j=1}^{m} \left(a_{jk} \Big/ \sum_{i=1}^{s} a_{ij} \right) \times 100 \qquad (4.5)$$

式中：IV_k（$k=1, \cdots, s$）为群落第 k 种群的重要值；a_{jk}（$j=1, \cdots, m$）为第 k 种群在该群落中的第 j 个参数值；$\sum_{i=1}^{s} a_{ij}$ 为该群落中所有 s 个种群第 j 个参数值的和。

4.4.1.2 生态优势度公式

根据 Simpson 优势度指标测定各类群落生态优势度，公式如下：

$$C = \sum_{i=1}^{s} (n_i / N)^2 \tag{4.6}$$

式中：C 为生态优势度，s 为群落中的种群个数；n_i 为第 i 个种群的重要值（IV）；N 为该群落中所有 s 个种群的总重要值。

4.4.2 多样性指数计测模型

多样性指数（diversity index）反映群落中物种的丰富度，可以用群落中物种数目的变化和种群个体分布格局的变化来表示。用多样性指数来反映群落的结构对于群落可提供服务功能性和存在的合理性具有十分重要的意义。本书采用 Simpson 的多样性指数：

$$D_s = N(N-1) / \sum n_i (n_i - 1) \tag{4.7}$$

式中：D_s 为多样性指数，N 为样本总量，n_i 为种群 i 的个体数量。

4.4.3 均匀度指数计测模型

群落中的种群数和个体数决定了该群落中的物种多样性，只有在个体的总数比较均匀地分到各个种群时，才能得到多样性指数的最大值。因此，物种均匀度指数（evenness index）在测定生态优势度时也是一个比较关键的测算值，本书参考相关文献，引用的公式如下：

采用 Simpson 的均匀度指数

$$J_s = (s-\beta)(a-1)a + \beta(a+1)a / \sum n_i (n_i - 1) \tag{4.8}$$

式中：J_s 为均匀度指数，n 为种群 i 的个体数量，$\alpha=(N-\beta)/s$，s 为该群落的种群数量，N 为样本总量，β 为 N 被 s 整除的余数 $(0 \leqslant \beta \leqslant N)$。

4.5 进化生态学理论研究

4.5.1 生态位构建概述

生态位构建是指有机体对局部环境中重要组成成分的建造、修复及选择的能力。从定量角度看，生态位是物种对其环境变化的适应性的一种定量描述。在生物进化过程中，物种不同程度地改变环境，并通过其新陈代谢、活动和选择，部分地创建或毁灭其自身的生态位，从而对环境的变化表现出适应性特征，这种生物对环境的反馈作用就是生态位构建的过程。

4.5.2 进化动量计测模型

进化动量：动量是与物体的速度和质量相关的物理量，它是指物体在其运动方向保持运动状态的趋势，与物体的速度、质量均呈正比。然而，生态学中的进化动量是指生态系统内物种与生境环境的进化过程中，物种通过生态位构建将其现实生态位向理想生态位进化的趋势度。进化动量的模型公式如下：

$$M_i = \sqrt{\frac{\sum_{j=1}^{1} |x_{ij} - x_{aj}|}{n}} \tag{4.9}$$

式中：M_i（i=1，2，…，m）为第 i 个研究对象进化动量；x_{ij} 和 x_{aj} 分别为第 i（i=1，2，…，m）个研究对象的第 j（j=1，2，…，n）个生态因子的现实测量数据和测算数据的理想值。

总之，生态位构建中引起的物种生态位毁灭、创建和调整均与所处生态系统提供的生态环境条件变化相关，物种会根据自身生存、发展的需要和生态环境中资源丰盈度及生态环境的变化而变化，测度物种的进化趋势的量化指标就是上述的进化惯量和进化动量。一般来说，进化惯量和进化动量具有相反关系，进化惯量表现为物种维持现有状态不变的趋势度，相对的是进化动量表现为物种改变当前状态向最适宜状态移动的趋势度，因此，进化惯量越大，进化动量就越小。

4.5.3　生态进化表现形式研究

生态进化表现形式主要有协同进化、定向进化与共进化三种，具体内容如下。

4.5.3.1　协同进化

协同进化（co-evolution）最早是由埃尔利希（Ehrlich）和拉文（Raven）提出，它是指两个或多个种群在相互作用的共同进化过程中表现出的适应性。其基本思想是在一个生态系统中，种群之间处在某种关联关系（捕食、竞争等）中，就会通过非线性的相互作用而产生共同作用和相干效应，达到量变到质变的临界点时就会通过自身组织基因突变等使系统旧的结构在时空、性质、功能等方面发生变化，达到新的稳序状态。在生态系统的进化中，负的相互作用在不断减少，而正的相互作用却趋于增加，从而缓和了物种的生存压力。换句话说，生态系统的进化是符合协同进化的。生态学协同进化有以下特点：

（1）不对称性。协同进化的不对称性主要表现在进化压力的不对称和进化速度的不对称。根据生态学的 Life-Dinne 原理，在生态系统的食物链上被捕食的一方，即营养级较低的种群会承受更大的进化压力，物质本身都有恢复平衡态的惯性，即通过进化改进效率来减少进化压力，外在的表现就是适者生存。同理，生物链中在食物链处在初级地位或在营养链中占据较低位置的种群都是弱势群体。为了适应环境，它们不仅要承受更大的进化压力，同时在应激反应过程中的灵敏度也会更高，进化速度更快。处在该种群上一级或几级的种群由于与之关联度很高，也会随之进化而共同进化。

（2）矢量性。协同进化不仅表现在种群进化的变化的程度上，也表现在种群进化的方向上，因此，我们说协同进化具有矢量性。协同进化有两个方向，即同向性和异向性。同向性是指若不同物种生活在同一个相同或相似的环境中，在同样的进化压力下，有可能产生功能相同或相似的变化，以适应该环境。异向性是指物种同源性，本身具有相同或相似的特征，但是在后期不同的生态环境下其受到不同的进化压力，导致在形态功能、生理特性和行为方式上进化出不同的表现。

4.5.3.2 定向进化

"定向进化"（orthogenesis）一词由德国动物学家 T. 艾默（T. Eimer，1843—1898）在 1885 年首先提出，后来由柯普（Cope）、奥斯本（Osborn）和罗莎（Rosa）等人将其发展成为一种进化学说。它的定义最早是从动物进化中来，指按照动物化石历史演变顺序研究发现，其形态是朝着一定的方向进化的，这和达尔文的优胜劣汰的自然选择学说是一致的。然而，随着理论的进一步研究，已经从理论的实践运用领域中将定向进化（orthoevolution）与生物的定向发展（orthogenesis）和定向选择（orthoslektion）相区别，它将自然选择学说的自然环境中的进化转移到非自然的条件下进行模拟进化。目前，定向进化在生物化学与生物、物理领域用得较多，主要在微生物中体外分子的定向进化，蛋白质、酶等的定向进化等。定向进化的策略有以下 3 个显著特征：

（1）进化的每一关键步骤都会在人为非自然条件下受到严密的监控。

（2）除了修饰改善原有生物体已有特性和功能外，还可以引入其他的新功能，来执行从不被生物体所要求的反应机理，甚至为生物体策划一个新的新陈代谢途径。

（3）能从这种进化结果中探索生物体结构和功能等特征的改变。

4.5.3.3 共进化

共进化和协同进化在英文表达上都是 co-evolution，是指具有这样的关系的生物体间彼此互相影响、相互制约、形成有规律的组合，它们之间的进化也是相互影响的，这种进化过程称为共进化。一般来说，关于捕食和竞争等关系的物种间的进化可以用共进化或者协同进化来表述，意义上没有实质的区别。

寄生（parastisu），即两种生物一起生活，一方得益，另一方损益，损益方给得益方提供营养物质和居住场所，这种生物间的关系被称为寄生；其中损益方被称为寄主或宿主，而得益方被称为寄生物。一般来说，寄主和寄生物之间的共进化分为 3 种情况：

（1）寄生物依托寄主生活的程度维持在中等水平上。它们之间保持一种偏离平衡态但达不到使寄主频临危机的边界，可以共同生活，但是寄主的生态环境条件不理想，处在不致命的病态当中。

（2）寄生物依托寄主生存，随着寄生物的个体成长或者数量规模增大，最终导致寄主局部或者全部灭绝。

（3）寄生物与寄主在长期的生活当中，随外界条件的变化，寄生物的寄生程度逐渐减弱，向着共生方向进化。

从理论上来讲，寄生物与寄主的共进化方向应该是由全程寄生向半寄生，最后直至进化到共生状态。

5

高新区科技人力资本生态拟合度的特质与创新绩效研究

生态系统是生态学范畴应用的概念，然而，就目前学者的研究成果来看，已经将其应用于社会学领域的很多方面，比如人类生态系统、科技生态系统、人才生态系统、开发区生态系统、人才生态链等，这些都与本书所研究的高新区科技人力资本生态系统拥有交叉的研究领域，可见，将生态系统理论应用于社会学领域是可行的。为了进一步证明本书研究对象与生态系统的各种生态性能的拟合度成立，本章将对高新区科技人力资本的特质与生态学的生态系统及生态理论进行比拟研究，同时对高新区创新绩效的评价进行研究。

5.1 高新区生态系统拟合的特质研究

5.1.1 高新区生态系统结构模型研究

高新区科技人力资本所在的系统比拟自然生态系统，它们都是由系统内的生物群落和环境构成。

（1）生态系统由生物群落与无机环境两部分组成，其中，无机环境是生态系统运行的基础，包括水、无机盐、空气、有机质、岩石等。无机环境的适宜程度影响着生态系统内部食物链和网交错的复杂程度、营养级纵深性和横向生物多样性及生物群落的丰盈度；生物群落对无机环境具有反作用，它既依赖无机环境生存，同时也用其生命活动来改变无机环境。生态系统就是在无机环境与生物群落的互动中进行着物质、能量和信息的循环，从而使生态系统具有功能的完整性。

生物群落包括生产者、消费者和分解者。首先，生产者是生态系统中的自养生物，它们能够利用无机环境中的无机物通过生物过程转化为有机物，同时储存能量，维持生存和繁衍。一般自养生物可以分成两种：光能合成自养生物和化能合成自养生物。其次，消费者是异养生物的一种，它通过摄取有机物为生，在生态系统中通过捕食和寄生关系来进行物质交换、能量传递和信息的转移；按照消费者在食物链的位置可以将消费者分成初级消费者、次级消费者、三级消费者和四级消费者，而且同种消费者由于取食不同的对象，可以在不同的食物链中，因此，可能具有多个消费级。最后，分解者也属于异养生物，多以真菌和细菌为主，它们将有机物分解为无机物再还原到生态系统中，完成物质的一次循环。因此，生产者、消费者、分解者和无机环境就构成了一个生态系统，同时，在它们之间的物质、能量和信息的传递和循环中使生态系统处在一个平衡状态。

（2）高新区生态系统由与高新技术相关的生物群落和外部环境构成。外部环境包括政治环境、经济环境、社会环境、技术环境、人文环境、产业结构、法制环境等。

生物群落也可以分成生产者、消费者和分解者。生产者是能够使科技人力资本增加的机构或组织，例如教育系统、培训系统、咨询系统、科技协会组织等；消费者是能够使科技人力资本转化为推动社会经济发展的生产力或潜在待开发的生产力，并在生产力作用下创造经济价值的受益者，例如科研团体、高新企业等；分解者是能够提供生物环境和非生物环境的主导者，具有宏观意义的引领者，例如高新区管委会或相关行政主管部门的下属职能部门等。高新区生态系统中的生产者、消费者和分解者都具有"理性人"的思想和行为特征（见表5-1）。

表 5-1   自然生态系统与高新区生态系统构成比较

组成元素	自然生态系统	高新区生态系统
生产者	光合作用的植物和光能作用的细菌	教育系统、培训系统、咨询系统、科技协会组织等
消费者	动物和部分微生物	科研团体、高新企业等
分解者	以真菌、细菌为主	高新区管委会或相关行政主管部门及其下属职能部门等

5.1.2   高新区生态系统能量流动

高新区科技人力资本所在的系统比拟于自然生态系统，系统内都有能量的流动。

（1）自然生态系统的能量流动是能量从无机环境中输入、在生物群落中传递、在营养级消费中转化及在传递过程和分解过程中散失的过程。在自然生态系统中，生产者通过化能合成作用和光合作用将无机环境中的能量储存在体内，为消费者提供营养供给并将能量传递给下一个营养级。能量流动与食物链、食物网和营养级这三个营养关系相关，食物链是生产者与消费者及消费者之间通过取食的方向连成的链状结构，由于同一生物取食对象在不同的营养级上造成同一生物存在多个营养级，即导致多条食物链相互交错，构成了食物网。

（2）高新区生态系统的能量流动是能量从社会环境、经济环境、政策环境、产业聚集等无机环境中输入，在高新区的各个组织中传递，在科技人力资本存量递增过程中流动，在科技人力资本投资、人力资本所有者与使用者消费中散失的过程。在高新区生态系统中，国家政策的支持、地区经济发展及国际环境的影响等因素，使高新产业聚集，通过增加科技人力资本存量转化为生产力，将这种能量通过所有者传入高新企业中进行消费，并将能量转化为具有经济价值的实物产品或服务提供给高新区以外的系统，从而使能量散失。

5.1.3   高新区生态系统物质循环

若以高新区科技人力资本所在的系统比拟自然生态系统，两者都伴随着能量的流动，同时进行物质循环。

（1）自然生态系统的各种物质在能量流动的牵引下，在无机环境与生物群落之间进行循环。自然生态系统的物质循环包括碳、氮、硫、磷等构成生物体的基本元素的基础循环。这些物质的循环都是从无机环境开始，通过光合作用、呼吸作用、固氮作用、积淀作用完成。自然生态系统的物质循环借助大气循环、水循环等完成物质循环的整个闭环系统的往复运动。

（2）高新区生态系统的物质循环主要包括生产物料的循环和生活物料的循环。高新区生态系统内生物群落的行为活动分为科研活动、"孵化"活动、生产运作活动、学术交流活动及生物群落自身的生命活动等。其中可大致分为两类：社会经济生活与社会经济生产。无论是社会经济生活还是社会经济生产活动，需要物料的供给以正常运转，这些物质的循环有些是高新区内部物质的简单循环，有些则需要泛高新区生态系统甚至更外层的国家生态系统及国际生态系统的共同参与，比如生产物料的物质循环需要跨区采购、全国性采购乃至全球性采购等，生产物料的销售同样可以是地区性销售、全国销售或者全球销售等。

5.1.4 高新区生态系统信息传递

若以高新区科技人力资本所在的系统比拟自然生态系统，两者都具有信息传递功能，自然生态系统和高新区生态系统的信息传递的特点如下：

（1）自然生态系统的信息传递主要包括物理信息传递、化学信息传递和行为信息传递。物理信息传递是指通过物理过程的方式进行信息传递，可以利用无机环境进行传递，也可以在有机环境中实现；化学信息传递是指通过化学反应过程及化学反应产物来识别和传递信息；行为信息传递是自然界比较普遍的在生物种群之间进行的传递，通过生物的多种多样的行为方式来传递信息。自然生态系统的信息传递有利于生物群落生命活动正常有序地开展，同时也有助于生物繁衍。

（2）高新区生态系统的信息传递，因社会经济系统的影响，不仅仅是物理、化学、行为信息传递的原始性传递，而且主要是通过先进的通信设备、媒体、网络等对当前的政策信息、市场信息、先进技术信息、前沿学术信息等进行传递和接收。高新区生态系统作为高新技术产业园区系统，主要是以高新产业为主要特点，因此，其对国内外的相关领域的高新技术的更新换代信息极为敏感，这方面的信息传递可以使高新区生态系统能够在自我研发的基础上，跟上国际先进技术的更迭速度，同时结合园区产业政策和产业结构，积极支持新技术的生产力转化。

5.2   科技人力资本生态链模型研究

科技人力资本生态链、生态网模型并非指生态系统中食物链和食物网的取食关系和能量流动、物质循环的关系，而是便于计测科技人力资本的一种分类假设模型。其思想来源于生态学研究对象的分类。生态位计测及其构建理论在生态学研究植物方面应用得颇为成功，不仅仅因为植物相对动物表现出地理位置的静态特征、生态环境较为固定，便于数据测量和统计，还因为植物科目的分类。植物分类设立了界、门、纲、目、科、属和种等七类，用来表示不同植物之间相似的程度及亲缘关系，进而明确植物系统中的关系。另外，在以某个特定区域的植物系统作为研究对象时，对其生态位计测和生态位构建的研究并非以某一种植物作为单一研究对象，而是以生长在该特定区域的不同类植物作为研究基础，这样便于反映共性问题，也对研究问题和现象做出更好的解释，提出更适合一般性的建设性意见和建议。因此，生态位计测和生态位构建研究在植物研究中取得了突破性进展，并从生态学角度对经济林的培植和作物的耕种的途径、方法给出了非常好的参考意见。

鉴于此，笔者在研究高新区科技人力资本生态位计测和生态位构建过程中，对其进行生态拟合之前必须细化科技人力资本研究维度，将其视为高新区生态系统中科技人力资本群落的不同种群，群落和种群在此系统研究中如果不设立生态链—网模型，将很难理解和解释。高新区科技人力资本是体现在人身上的知识、技能、资历、经验和熟练程度等，是能力和素质的综合表现。若将高新区视作生态系统，科技人力资本视作群落，按照年龄、学历、技能、专业等分为不同结构层，将相对非重复的特征作为功能层以比拟种群研究其规律。

高新区科技人力资本结构和功能相互转化关系走势如图 5.1。横向所示的结构链，是每个科技人力资本群落共有的组成成分，是科技人力资本的结构单元，多个结构单元串联组成了科技人力资本的结构链；纵向所示的功能链，是科技人力资本在所有者身上的客观体现，每一个体现都具有资本功能，都能通过社会生产活动转化为生产力并创造价值。

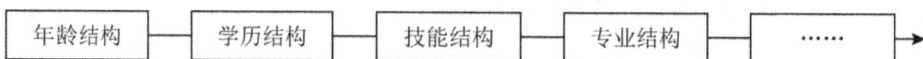

```
┌──────┐   ┌──────┐   ┌──────┐   ┌──────┐   ┌──────┐
│年龄结构│──▶│学历结构│──▶│技能结构│──▶│专业结构│──▶│ …… │──▶
└──────┘   └──────┘   └──────┘   └──────┘   └──────┘
```

图 5.1　高新区科技人力资本结构链走势

科技人力资本的结构链上的每一个单元都是人力资本的综合素质和能力的表现因子之一。在对高新区科技人力资本生态位计测和生态位构建中可以做如下处理：若按照年龄结构进行分层抽样，学历结构、技能结构、专业结构等可作为测评指标，通过测评指标来反映不同年龄结构的一般性现象和特征；若按照学历结构进行分层抽样，年龄结构、技能结构、专业结构等可作为测评指标，通过测评指标来反映不同学历结构的一般性现象和特征；若按照技能结构进行分层抽样，年龄结构、学历结构、专业结构等可作为测评指标，通过测评指标来反映不同学历结构的一般性现象和特征。

5.3　科技人力资本结构生态位特质研究

5.3.1　科技人力资本生态位

虽然本研究在浙江各个高新区发放问卷数目相同，但是由于人为因素及其他客观原因，各高新区之间的问卷收回数量略有不同。同时，在问卷的筛选、整理、统计过程中，剔除作答无效和没有作答完全的问卷后，各高新区有效问卷数目存在差异，因此，在数据使用中为了避免数量绝对值带来的比较误差，采用数量的相对值进行测算。样本高新区科技人力资本总体年龄结构及各样本高新区科技人力资本年龄结构见表 5-2。从表格中可得：年龄在 29 岁及以下和 30~39 岁两个区间段的科技人力资本占据多数，而年龄在 40~49 岁、50~59 岁和 60 岁以上三个区间段的科技人力资本总比例均在 5%~34%，其中只有温州与衢州两个高新区总比例超过 20%。

表 5-2　样本高新区科技人力资本年龄结构

年龄结构	样本总体	宁波	杭州	温州	绍兴	莫干山	嘉兴	衢州	萧山
≤ 29 岁	0.52	0.63	0.56	0.44	0.49	0.61	0.59	0.38	0.62
30~39 岁	0.30	0.27	0.31	0.34	0.28	0.29	0.32	0.29	0.30
40~49 岁	0.12	0.08	0.09	0.12	0.14	0.07	0.06	0.25	0.06
50~59 岁	0.04	0.00	0.03	0.07	0.05	0.03	0.03	0.08	0.01
≥ 60 岁	0.02	0.02	0.01	0.04	0.00	0.00	0.00	0.00	0.01

区科技人力资本年龄结构以 39 岁以下为主，特别是以 29 岁以下居多。样本高新区总体年龄结构在 29 岁及以下的占 52%，超过一半，与样板总体年龄结构数值比较，温州、绍兴、衢州等高新区差值为负，负值绝对值分别为 8%、3%、14%，说明在高新区科技人力资本偏年轻化的大趋势下，温州和绍兴高新区科技人力资本年轻化程度不高。为了挖掘本质，我们需要提供更多的基础数据支持，以下内容将从年龄结构生态位和年龄结构生态优势度方面进一步分析。

5.3.1.1　年龄结构生态位

年龄结构生态位是指高新区科技人力资本在年龄维度上的不同年龄层的生态位，按照第 4 章关于生态学生态位宽度模型公式（4.1）至公式（4.5），本章计算年龄结构生态位，在原公式的基础上简化得到某一高新区的年龄结构生态位公式：

$$B_{age}' = \sum_{x=1}^{m} (P_{xy})^{1/2} / \sum_{x=1}^{m} \sum_{y=1}^{n} (P_{xy})^{1/2} \tag{5.1}$$

式中：B_{age}' 为不同高新区科技人力资本年龄结构生态位；P_{xy} 为科技人力资本在第 x 个年龄结构层第 y 个高新区的资源占有量；m 为年龄结构层数；n 为样本高新区个数。

若求不同年龄层的高新区总体年龄结构生态位，则公式改为：

$$B_{age}' = \sum_{y=1}^{m}(P_{xy})^{1/2} / \sum_{x=1}^{m}\sum_{y=1}^{n}(P_{xy})^{1/2} \qquad (5.2)$$

式中：B_{age}' 为不同年龄层科技人力资本年龄结构生态位；P_{xy} 为科技人力资本在第 x 个年龄结构层第 y 个高新区的资源占有量；m 为年龄结构层数；n 为样本高新区个数。

代入公式（5.1）与（5.2）计算，可得表 5-3 中年龄结构生态位，纵向数据显示：年龄 ≤ 29 岁、30~39 岁、40~49 岁、50~59 岁、≥ 60 岁的年龄结构生态位分别是 0.38、0.29、0.18、0.10、0.04，说明年龄 ≤ 29 岁的科技人力资本在高新区生态系统中占据最宽的生态位，年龄 30~39 岁次之，40~49 岁第三，大于 50 岁的科技人力资本则占据较少的生态位，这与高新产业发展有着密切的关系。年龄结构年轻化科技人力资本投资效率更高，投资收益更大，投资可回收周期及投资回收周期都较短，相对风险较小。样本高新区之间年龄结构生态位由于自身的相对结构比例的完整性，年龄机构生态位差异性较小，然而，结合高新产业的特点——技术新、更新快、敏捷性强、人力资本投资大、阶段式人力资本投资收益周期长、人力资本投资回报率不稳定等，必然要求高新产业从业人员年龄结构偏中青年化，因此横向的综合年龄结构生态位数值偏小较优。综上所述，纵向分层年龄结构生态位中，年龄小于等于 29 岁和横向综合年龄结构生态位中，宁波、绍兴、嘉兴等高新区位势较优。

表 5-3 高新区科技人力资本年龄结构生态位

年龄结构	宁波	杭州	温州	绍兴	莫干山	嘉兴	衢州	萧山	B_{age}'
≤ 29 岁	0.79	0.75	0.66	0.79	0.70	0.78	0.62	0.61	0.38
30~39 岁	0.55	0.52	0.56	0.58	0.57	0.54	0.54	0.54	0.29
40~49 岁	0.30	0.28	0.30	0.35	0.14	0.36	0.50	0.37	0.18
50~59 岁	0.17	0.00	0.17	0.26	0.17	0.22	0.28	0.20	0.10
≥ 60 岁	0.00	0.14	0.10	0.20	0.00	0.00	0.00	0.22	0.04
B_{age}	0.10	0.11	0.09	0.10	0.11	0.10	0.09	0.09	

5.3.1.2 学历结构生态位

学历结构生态位的计测公式和年龄结构生态位的计测公式都是用 Simth（1982）提出的公式的变形而得。

$$B_{degree} = \sum_{x=1}^{m}(P_{xy})^{1/2} / \sum_{x=1}^{m}\sum_{y=1}^{n}(P_{xy})^{1/2} \tag{5.3}$$

式中：B_{degree} 为不同高新区科技人力资本学历结构生态位；P_{xy} 为科技人力资本在第 x 个学历结构的第 y 个年龄结构层的资源占有量；m 为学历结构层数；n 为样本年龄结构数。

表 5-4　高新区科技人力资本学历结构生态位

年龄结构	大专	本科	硕士	博士	其他
≤ 29 岁	0.099	0.313	0.093	0.01	0.005
30~39 岁	0.05	0.171	0.065	0.011	0.007
40~49 岁	0.025	0.065	0.019	0.007	0.001
50~59 岁	0.015	0.019	0.005	0.001	0.002
≥ 60 岁	0.007	0.007	0.001	0	0.002
B_{degree}	0.196	0.575	0.183	0.029	0.017

由表 5-4 可以看出：我国样本高新区科技人力资本学历结构生态位，大专生态位为 0.196，本科生态位为 0.575，硕士生态位为 0.183，博士生态位为 0.029，其他生态位为 0.017，本科生态位优势明显。若将人力资本的学历作为一个群落来比拟的话，本科种群生态位占据人力资本生态系的最优位置；次优位置是大专与硕士，博士和其他学历生态位势很弱。从高新区科技人力资本学历结构生态位的态势分析，浙江高新区的建设处于起步阶段，园区内的高新企业属于产中研情况，本科学历更适合当前的高新区的产业发展节奏。

5.3.1.3 技能结构生态位

技能结构生态位与学历结构生态位、年龄结构生态位的计测公式类似，都是用 Simth（1982）提出的公式的变形而得。

$$B_{\text{technologe}} = \sum_{x=1}^{m} (P_{xy})^{1/2} / \sum_{x=1}^{m} \sum_{y=1}^{n} (P_{xy})^{1/2} \qquad (5.4)$$

式中：$B_{\text{technologe}}$ 为不同高新区科技人力资本技能结构生态位；P_{xy} 为科技人力资本在第 x 个技能结构层第 y 个年龄结构层的资源占有量；m 为技能结构层数；n 为样本年龄结构层数。

表5-5　高新区科技人力资本技能结构生态位

年龄结构	无职称	初级职称	中级职称	副高级职称	正高级职称
≤ 29 岁	0.798	0.634	0.241	0.063	0.027
30~39 岁	0.176	0.323	0.484	0.319	0.103
40~49 岁	0.022	0.03 8	0.201	0.363	0.362
50~59 岁	0.003	0.003	0.063	0.156	0.241
≥ 60 岁	0.000	0.003	0.011	0.100	0.086
$B_{\text{technologe}}$	0.329	0.249	0.166	0.133	0.123

由表5-5可得：样本高新区科技人力资本技能结构生态位状态，无职称生态位为0.329，初级职称生态位为0.249，中级职称生态位为0.166，副高级职称生态位为0.133，正高级职称生态位为0.123，无职称和初级职称生态位位势较优。若将人力资本的技能等级作为一个群落来比拟的话，无职称种群生态位居首，第二位为初级职称种群，第三位是中级职称种群，最后是副高级职称和正高级职称种群。浙江高新区科技人力资本技能结构生态位的态势与年龄结构生态位、学历结构生态位趋势一致，共同反映了高新区的年轻化，建设时间不长，园区科技孵化作用不明显，科技转化为生产力的效率不高，园区仍然以高科技生产为主线，对一线科研人力资本的投入不足，然而，由于科技人力资本年龄以中青年为主，虽然科技人力资本的学术水平、技术储备能力等科技人力资本存量不足，但是可深度开发和投资收益的空间巨大。

5.3.2 科技人力资本多样性指数

科技人力资本多样性指数是指测定科技人力资本在高新区生态系统中从不同角度观察科技人力资本群落的科技人力资本生物种群丰富程度。根据第 3 章生态优势度理论关于生态系统生物多样性测算公式的多样性指数，将样本高新区科技人力资本的相关数据代入不同的公式计算，得到的结果随计测公式表达方式不同而不同，同时，理论上三种计测生物多样性公式都能够反映种群的丰富程度，但是由于研究对象和领域不同，跟踪采集的数据反映出不同种群的特征不同，导致这些方法计算的结果内部比较相对值可能存在差异。为此，在运用公式计测科技人力资本多样性指数时首先对这三种方法进行验证，并选择最适合的公式，按实际需要改进相关参数后作为本文测算生态多样性的公式。

公式验证的数据是以样板总体高新区科技人力资本不同年龄结构层的所学的工学、理学、管理学、经济学及其他专业的人数和不同专业结构层所具有的大专、本科、硕士、博士及其他教育背景的人数为基础数据。

Simpson 的多样性指数为：

$$D_s = N(N-1)/\sum n_i(n_i-1) \tag{5.5}$$

式中：D_s 为高新区科技人力资本年龄结构的专业多样性指数，s 为高新区科技人力资本年龄结构层数，N 为高新区科技人力资本所有者总量，n_i 为第 i 年龄结构层的科技人力资本所有者数量（i=1，…，s），测算结果见表 5-6、表 5-7。

表 5-6 高新区科技人力资本年龄结构的专业多样性指数测算

年龄结构	N	Simpson 的多样性指数
≤ 29 岁	879	2.99
30~39 岁	506	2.82
40~49 岁	198	2.90
50~59 岁	67	1.70
≥ 60 岁	27	2.37

表 5-7　高新区科技人力资本专业结构的学历多样性指数测算

专业结构	N	Simpson 的多样性指数
工学	836	2.22
理学	479	2.38
管理学	132	2.76
经济学	95	2.44
其他	128	3.67

由表 5-6 与表 5-7 比较可知,Simpson 的多样性指数大体趋势虽然相似,但是在测算对象性状比较接近时容易产生一定的跳跃及不稳,比如在表 5-6 中,年龄 ≤ 29 岁和年龄在 40~49 岁两个年龄结构层的多样性指数相对值结果一致。

5.3.2.1 年龄结构多样性指数

浙江高新区样板总体多样性指数采用种间相遇机率 *PIE* 测算值得(如表 5-8 所示):年龄小于等于 29 岁的专业多样性指数为 0.665,年龄在 30~39 岁为 0.646,年龄在 40~49 岁为 0.655,年龄在 50~59 岁为 0.410,年龄大于 60 岁为 0.578。结合我国经济发展、改革开放及重视教育的国情、国策来看,我国高等教育随着社会经济的发展开始扩充专业范围,同时根据人力资本市场的需要进行多元化、实用化的探索和专业开设,从高新区科技人力资本年龄结构和专业存量来看,多样性主要集中在 49 岁以下的中青年。

表 5-8　高新区科技人力资本年龄结构的专业多样性测算

年龄结构	≤ 29 岁	30~39 岁	40~49 岁	50~59 岁	≥ 60 岁
PIE(专业)	0.665	0.646	0.655	0.410	0.578

表 5-9 是用种间相遇机率(*PIE*)测算的不同年龄结构层的学历多样性指数值。多样性指数(*PIE*)大小依次为:50~59 岁为 0.673,大于等于 60 岁为 0.652,40~49 岁为 0.623,小于等于 29 岁为 0.571。由此可得:浙江高新区科技人力资本学历存量随着年龄结构层逐级上升,在年龄 50~59 岁达到顶峰,随后呈下降状

态，但年龄大于等于 60 岁的科技人力资本学历多样性指数依然高于年龄 40~49
岁的指数值。

表 5-9　高新区科技人力资本年龄结构的学历多样性指数测算

年龄结构	≤ 29 岁	30~39 岁	40~49 岁	50~59 岁	≥ 60 岁
PIE（学历）	0.571	0.616	0.623	0.673	0.652

5.3.2.2　学历结构多样性指数（见表 5-10、图 5.2）

表 5-10　高新区科技人力资本学历结构多样性指数测算

学历结构	大专	本科	硕士	博士	其他
PIE（年龄）	0.330	0.446	0.593	0.563	0.761
PIE（专业）	0.746	0.612	0.624	0.652	0.754
PIE（技能）	0.695	0.731	0.722	0.749	0.809

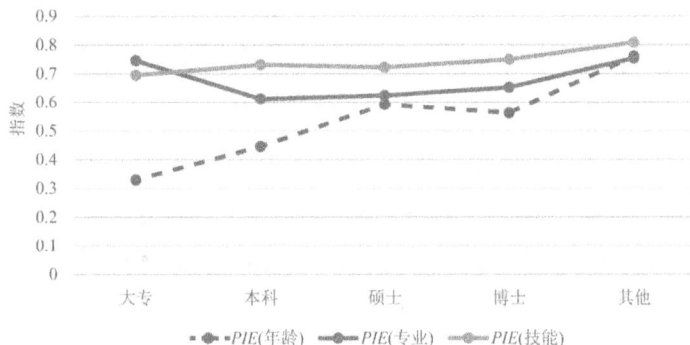

图 5.2　高新区科技人力资本学历结构多样性指数

在学历结构中，PIE（年龄）分别为：大专为 0.330、本科为 0.446、硕士为
0.593、博士为 0.563、其他为 0.761，其曲线随学历结构层出现一个先上扬，在硕
士点达到顶点后下挫，再上扬达到顶点。两个顶点中，前一个顶点说明取得硕士
学历的科技人力资本的年龄层次较多，硕士学历的年龄覆盖率较广；后一个顶点
说明其他学历的科技人力资本学历不在大专、本科、硕士及博士范围内，但不代
表科技人力资本存量低，可能由于历史原因或者早期人力资本教育投资原因没有

取得学历，这部分科技人才通过工作资历的累积同样可以在高新区生态系统中拥有适宜的生态位，因此，这部分科技人力资本的年龄覆盖率最高。

在学历结构中，PIE（专业）分别为：大专为 0.746、本科为 0.612、硕士为 0.624、博士为 0.652、其他为 0.754，随学历结构层呈现类似上开口抛物线的趋势，以本科为顶点，本科的专业多样性最低，硕士次之，博士第三，说明高新区科技人力资本本科学历的专业面较窄，本科、硕士学历毕业到高新区发展的科技人力资本工作岗位与专业较为对口，特别是本科就业面向高新产业如电子与信息技术、生物工程和新医药技术、新材料及应用技术、航空航天技术、海洋工程技术、核应用技术、新能源与高效节能技术等，要求必须具备相应的专业背景。

在学历结构中，PIE（技能）分别为：大专为 0.695、本科为 0.731、硕士为 0.722、博士为 0.749、其他为 0.809，可见，技能随学历结构层变化没有太大的差异性，并随学历结构层的变化呈较稳定的上升趋势。随学历结构层次的升高，技能多样性略有上升，相对而言，大专的技能多样性较小，一方面学历层次低使技术专业背景范围较窄，大专院校对科技人力资本投资主要基于市场需求设置专业，专业技能更倾向于以操作性、应用性为主，研究开发性较弱，大专投资人力资本存量适应于就业需求量大的技术生产型岗位。

PIE（年龄）、PIE（专业）、PIE（技能）三线比较图可以看出，PIE（专业）与 PIE（技能）线变化幅度不大，PIE（年龄）变化幅度很大，主要是由于不同学历结构在专业和技能多样化上会随着工作内容和工作经验改变，年龄在不同学历结构上受到职前教育的时限有硬性的规定，因而多样性指数变动幅度较大；PIE（年龄）、PIE（专业）、PIE（技能）三线虽然不是绝对的上扬曲线，但是整体趋势依然是随学历结构层的上升而升高的。

5.3.2.3 技能结构多样性指数（见表5-11、图5.3）

表5-11　职称的技能结构多样性指数

技能结构	无职称	初级职称	中级职称	副高级职称	正高级职称
PIE（年龄）	0.332	0.494	0.663	0.733	0.763
PIE（专业）	0.661	0.635	0.662	0.589	0.652
PIE（学历）	0.609	0.461	0.643	0.603	0.670

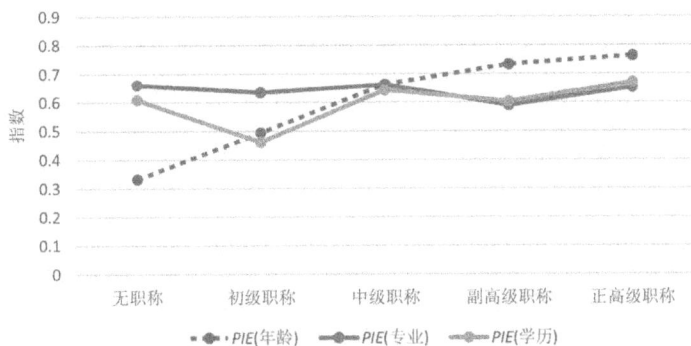

图 5.3 职称的技能结构多样性指数

技能结构多样性指数是采用种间相遇机率 *PIE* 测算的我国样本高新区科技人力资本的年龄、专业、学历等方面在不同技能结构的多样性状态。

在技能结构中，*PIE*（年龄）分别为：无职称为 0.332、初级职称为 0.494、中级职称为 0.663、副高级职称为 0.733、正高级职称为 0.763，随技能职称级别升高，年龄多样性也呈上升趋势。可见，技能等级、工作经验等与工作年限是分不开的，高新区科技人力资本的技能水平与年龄多样性呈正相关关系，无职称科技人力资本的年龄比较集中且偏于年轻化，因此，其年龄多样性较小。

在技能结构中，*PIE*（专业）分别为：无职称为 0.661、初级职称为 0.635、中级职称为 0.662、副高级职称为 0.589、正高级职称为 0.652，上下限差距仅为 0.073，说明在技能结构层上专业多样性指数没有显著差异性。

在技能结构中，*PIE*（学历）分别为：无职称为 0.609、初级职称为 0.461、中级职称为 0.643、副高级职称为 0.603、正高级职称为 0.670，除了初级职称外，其他技能结构层的学历多样性指数值都在 0.6~0.7，初级职称的学历多样性较小。从初级职称的学历分布来看，本科学历具有很大相对优势，导致初级职称的学历多样性主要表现为本科学历特征，多样性指数偏低。

从 *PIE*（年龄）、*PIE*（专业）、*PIE*（学历）三线比较图可以看出，*PIE*（年龄）与 *PIE*（专业）、*PIE*（学历）曲线走势不同，*PIE*（专业）与 *PIE*（学历）曲线呈现 W 形的趋势，特别是曲线后半段——中级职称到正高级职称的曲线基本重合，说明专业和学历在技能结构层上的多样性指数有相关关系，具有共同的变化趋势。

5.3.3 科技人力资本均匀度指数

本书第 4 章均匀度指数介绍了生态学里普遍运用的两种计算群落里种群均匀度的方法——Simpson 的均匀度指数和 Shannon-Wiener 的均匀度指数。公式如（5.6），将浙江高新区科技人力资本年龄结构的专业种群数据和年龄结构的学历种群数据代入公式测算，结果显示：Simpson 的均匀度指数较为理想，而Shannon-Wiener 的均匀度指数个别值为负数，不能解释其实际意义。因此本书采用 Simpson 的均匀度指数，即：

$$J_s = (s-\beta)(\alpha-1)\alpha + \beta(\alpha+1)\alpha / \sum n_i(n_i-1) \tag{5.6}$$

式中：J_s 为均匀度指数，n 为种群 i 的个体数量，$\alpha=(N-\beta)/s$，s 为该群落的种群数量，N 为样本总量，β 为 N 被 s 整除的余数（$0 \leqslant \beta \leqslant N$）。

5.3.3.1 年龄结构均匀度指数

将数据代入式 5.6，可以得到高新区科技人力资本年龄结构的学历、专业和技能的 Simpson 均匀度指数，如表 5–12 所示。

表 5–12　高新区科技人力资本年龄结构均匀度测算

年龄结构	≤ 29 岁	30~39 岁	40~49 岁	50~59 岁	≥ 60 岁
J_s（学历）	0.463	0.511	0.518	0.545	0.519
J_s（专业）	0.595	0.560	0.568	0.319	0.404
J_s（技能）	0.488	0.663	0.625	0.592	0.463

年龄结构在小于等于 29 岁、30~39 岁、40~49 岁、50~59 岁和 60 岁及以上的学历 Simpson 的均匀度指数分别为 0.463、0.511、0.518、0.545、0.519，其中在不同年龄结构中学历均匀度最小的是 29 岁及以下，主要是因为这个年龄层次的学历集中度大，学历以本科生态位最佳，大专和硕士在年龄层次生态位相差不大。

年龄结构在小于等于 29 岁、30~39 岁、40~49 岁、50~59 岁和 60 岁及以上的专业 Simpson 的均匀度指数分别为 0.595、0.560、0.568、0.319、0.404，49 岁以下年龄结构的专业 Simpson 均匀度指数都接近 60%，50 岁以上的年龄结构的Simpson 均匀度指数则骤然降低，特别是年龄在 50~59 岁的均匀度指数最低，仅为 30% 多，主要特点是年龄在 50 岁以上的专业集中于工学，因此，超过 50 岁的科技人力资本的专业均匀度较小，但专业集中优势度较为突出。

年龄结构在等于小于 29 岁、30~39 岁、40~49 岁、50~59 岁和 60 岁以上的技能 Simpson 的均匀度指数分别为 0.488、0.663、0.625、0.592、0.463，年龄在 30~59 岁的技能 Simpson 均匀度指数较高，而年龄结构两端的小于等于 29 岁和大于等于 60 岁的技能 Simpson 均匀度指数呈明显下降趋势。小于等于 29 岁的科技人力资本群落的技能主要集中于无职称种群，而大于等于 60 岁的科技人力资本群落的技能主要集中于副高级职称种群，说明小于等于 29 岁的科技人力资本需要追加在职培训和交流学习的投资，加强年龄结构年轻化群落的科技人力资本存量，大于等于 60 岁的科技人力资本群落技能水平偏于副高级职称种群，此年龄结构的科技人力资本存量丰富，可以充分有效利用存量丰富度，结合种群优势互补。通常小于等于 29 岁和大于等于 60 岁的科技人力资本的互通互融，采用团队导师制进行科技人力资本存量增加的模式。

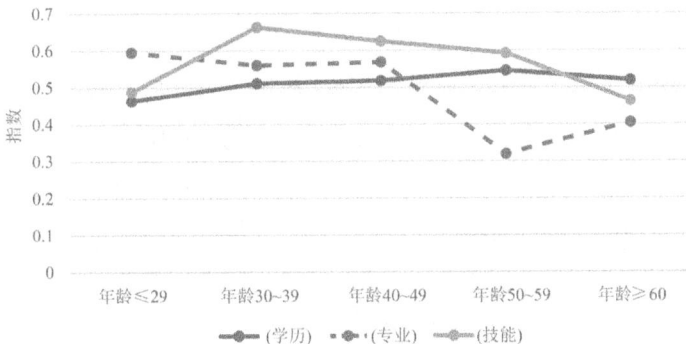

图 5.4　科技人力资本年龄结构均匀度指数

从 J_s（学历）、J_s（专业）、J_s（技能）三线比较图（图 5.4）可以看出，随着年龄结构层升高，走势各不相同：J_s（学历）平缓上升，在年龄结构层均匀度指数阈值范围（0.45，0.55），彼此均匀度上特征差异不显著；J_s（专业）起伏波动阶段性强，年龄小于等于 29 岁、30~39 岁和 40~49 岁三个年龄层均匀度指数阈值范围为（0.55，0.60），变化幅度不大，而 50~59 岁和大于等于 60 岁的年龄层则呈现大的起落，后两个年龄层均匀度指数明显偏低，呈现专业的集聚效应；J_s（技能）

出现类下开口抛物线曲线趋势，中间的年龄在 30~39 岁、40~49 岁和 50~59 岁阈值跨度为 0.071，变化斜率较小，而年龄小于等于 29 岁和大于等于 60 岁两个年龄结构层均匀度指数值成为下开口抛物线的左右端点，分别显现无职称和副高级职称的集聚效应。

5.3.3.2 学历结构均匀度指数

将高新区科技人力资本在不同学历结构群落的年龄、专业、技能种群的相关数据代入式 5.6 可得 J_s（年龄）、J_s（专业）、J_s（技能）的数据（见表 5-13）。

表 5-13　高新区科技人力资本学历结构均匀度测算

学历结构	大专	本科	硕士	博士	其他
J_s（年龄）	0.579	0.501	0.499	0.605	0.636
J_s（专业）	0.777	0.513	0.525	0.529	0.688
J_s（技能）	0.647	0.740	0.709	0.727	0.908

学历结构中，大专、本科、硕士、博士、其他的年龄 Simpson 的均匀度指数分别为 0.579、0.501、0.499、0.605、0.636，其中在不同学历结构中年龄均匀度出现在曲线谷底的是本科和硕士，究其原因是年龄比较集中于小于等于 29 岁的结构层，按照目前的职前教育的年龄，基本符合国家正规本科和硕士培养渠道毕业的科技人力资本所有者的特质。

学历结构中，大专、本科、硕士、博士、其他的专业 Simpson 的均匀度指数分别为 0.777、0.513、0.525、0.529、0.688，大专和其他学历的专业 Simpson 的均匀度指数较高，大专学历专业均匀度居高主要反映了大专学历在专业上的聚集优势较弱，随高新产业的广度而延伸，专业集中强度较小；相比之下，本硕博学历的专业 Simpson 的均匀度指数较小，专业上主要集中于工学和理学专业，这正符合了高新产业企业核心岗位的研发需求。

学历结构中，大专、本科、硕士、博士及其他学历的技能 Simpson 的均匀度指数分别为 0.647、0.740、0.709、0.727、0.908，其随学历结构层变动呈现一个垂直翻转的 S 形，整体走势是上升的，但是出现一个上拐点（本科学历）和一个下拐点（博士学历），博士学历的下拐点比本科学历的上拐点的技能Simpson的均匀度指数小，而且变化率也呈反向，还是有力地说明了学历和技能的正相关关系。同时，最低点的大专学历虽然技能Simpson的均匀度指数最小，但是不能说明大专学历具有技能集中优势，由于大专学历的技能聚集效应为无职称技能的集中，属于低层技能的集聚，对科技人力资本存量增加所起的作用不大。

J_s（年龄）、J_s（专业）、J_s（技能）三线比较图（见图5.5）可得到两个结论：

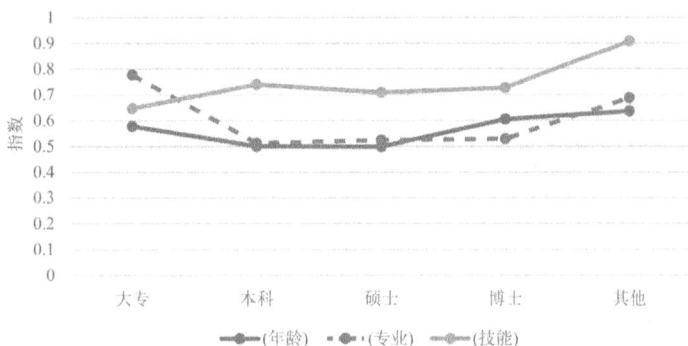

图5.5　科技人力资本学历结构均匀度指数

（1）学历结构的技能均匀度指数曲线在年龄均匀度曲线和专业均匀度曲线之上，并且平均水平高出15百分点，说明对于科技人力资本而言年龄和专业是客观属性，年龄由其自然的规律主导，而专业是由职前教育所决定，但是技能不仅与职前教育相关，而且在职培训和工作经验的积累都对技能产生很大的影响，这种影响力在工作环境优良和工作经历丰富的条件下会更强，因此，在学历结构中不能充分体现技能集聚效应。

（2）大专学历的"特别效应"。一般来说，均匀度指数与生态优势度呈相反关系，均匀度指数越高说明生物种群在群落分散越均匀，那么群落中的优势种群就不突出，群落生态优势度较小。大专学历在年龄和专业的均匀度指数较高而主观技能的均匀度指数较低，说明大专学历的科技人力资本存量在年龄和专业分布上是丰富的，但是学历层次低限制了其聚集的技能效应的发挥，无职称的技能等级说明高新区应该加大对大专学历的资本投资，提升他们的技术水平，发挥技能聚集的效应。

5.3.3.3 技能结构均匀度指数

将高新区科技人力资本在不同技能结构群落的年龄、专业、学历种群的相关数据代入式 5.6 可得，如表 5-14 所示的关于 J_s（年龄）、J_s（专业）、J_s（学历）的数据和图 5.6 科技人力资本技能结构 Simpson 均匀度指数图。

表 5-14　高新区科技人力资本技能结构均匀度指数测算

技能结构	无职称	初级职称	中级职称	副高级职称	正高级职称
J_s（年龄）	0.298	0.391	0.588	0.731	0.785
J_s（专业）	0.586	0.542	0.587	0.475	0.554
J_s（学历）	0.508	0.367	0.555	0.491	0.564

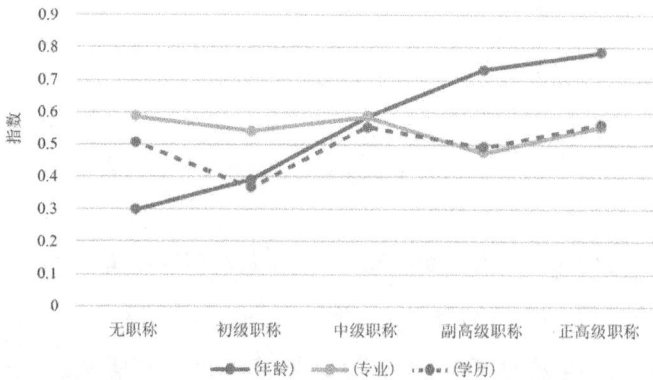

图 5.6　科技人力资本技能结构均匀度指数

技能结构中无职称、初级职称、中级职称、副高级职称、正高级职称的年龄 Simpson 的均匀度指数分别为 0.298、0.391、0.588、0.731、0.785，随着技能结构升高，年龄均匀度指数也随其增大，无职称技能结构的年龄 29 岁以下居首，初级职称技能结构的 29 岁以下和 30~39 岁相对差较小但，仍以 29 岁以下偏多，到中级职称技能结构则以 30~39 岁居首，副高级职称和正高级职称则以 40~49 岁居多，然而职称越高，这种年龄相对数量的聚集越不明显，因此，随着技能结构的上升，均匀度指数越来越高。

技能结构中无职称、初级职称、中级职称、副高级职称、正高级职称的专业

Simpson 的均匀度指数分别为 0.586、0.542、0.587、0.475、0.554，除了副高级职称均匀度偏低外，其他专业结构阈值均在（0.54，0.59），说明专业随技能结构变化而变化的幅度较小，影响度不大。副高级职称技能结构的专业 Simpson 的均匀度指数偏低，主要集中在工学专业，说明副高级职称技术结构具有工学专业聚集优势。

技能结构中无职称、初级职称、中级职称、副高级职称、正高级职称的学历 Simpson 的均匀度指数分别为 0.508、0.367、0.555、0.491、0.564，除了初级职称的学历均匀度指数较小外，其他均匀度指数都在接近 0.5 及以上，说明技能结构的学历分布较为均匀。然而，初级职称的学历均匀度仅为 0.367，相对值偏小的原因是学历集中于本科，说明初级职称技能结构具有本科学历聚集效应，本科学历的科技人力资本普遍具有年轻化、投资收益效率高、投资回收期短和投资收益期长的特点，因此，可以在技能方面着重对本科学历的科技人力资本进行投资并增加其存量。

从科技人力资本技能结构 J_s（年龄）、J_s（专业）、J_s（学历）的比较图（见图 5.6）可知：科技人力资本技能结构的专业 Simpson 的均匀度指数和学历 Simpson 的均匀度指数具有正相关关系，它们随技能结构的升高而呈现同样的变化趋势。另外，图 5.6 与图 5.5 的三条线的走势，除了均匀度指数和多样性指数阈值范围不同外，相对数值和变化趋势图几乎完全一样，这里可以看出生物群落的种群多样性和种群均匀度具有正相关关系，即生物群落的种群多样性指数越大，群落种群种数的丰富度越大，其种群的分布均匀度越高。当然，对于不同的群落，这种正相关系数大小是不同的，比如科技人力资本学历结构群落的种群多样性指数和均匀度指数大致趋势略同，但不如科技人力资本技能结构群落种群多样性指数和均匀度指数趋势的相关系数几乎约等于 1。

5.3.3.4 专业结构均匀度

将高新区科技人力资本在不同专业结构群落的年龄、技能、学历种群的相关数据代入式（5.6），可得表 5-15 关于 J_s（年龄）、J_s（技能）、J_s（学历）的数据和图 5.7 科技人力资本专业结构 Simpson 均匀度指数图。

表 5-15　高新区科技人力资本专业结构均匀度指数测算

专业结构	工学	理学	管理学	经济学	其他
J_s（年龄）	0.566	0.448	0.527	0.612	0.436
J_s（技能）	0.757	0.713	0.621	0.704	0.729
J_s（学历）	0.442	0.471	0.535	0.467	0.712

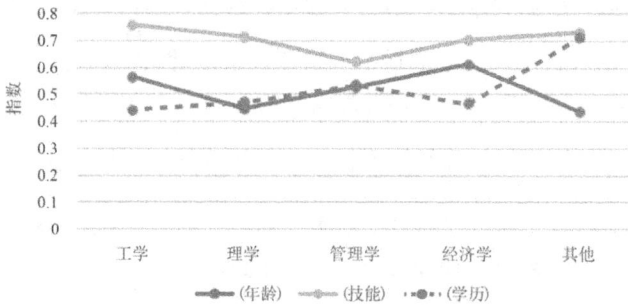

图 5.7　科技人力资本专业结构均匀度指数

　　专业结构中，工学、理学、管理学、经济学、其他专业的年龄 Simpson 的均匀度指数分别为 0.566、0.448、0.527、0.612、0.436，工学和理学专业在 39 岁以下人员的科技人力资本占有绝对优势，但从相对优势来说，理学的均匀度指数较低，年龄在 29 岁及以下的相对集聚效应显著。管理学与经济学专业不仅从绝对数量的年龄结构分布和相对数量的均匀度指数来看，其年龄分布较为分散，没有呈现明显的集中态势。

　　工学、理学、管理学、经济学、其他专业的技能 Simpson 的均匀度指数分别为 0.757、0.713、0.621、0.704、0.729，其变化曲线近似 V 形，顶点为管理学的技能均匀度指数值 0.621，其他专业的技能均匀度指数值均高于 0.70。工学、理学、经济学等专业在职称等级分布上比较分散，没有明显技能结构的集中现象；比较而言，管理学均匀度指数低，技能结构具有聚集效应，然而管理学专业的技能结构主要集于无职称技能结构。管理学科技人力资本作为高新企业研发的支持和服务平台，其技能水平不能简单地用职称来完全评估，而从管理学专业的工作内容和工作性质看，现行的技能评估体系也不是很适用。

　　工学、理学、管理学、经济学、其他专业的学历 Simpson 的均匀度指数分别为 0.442、0.471、0.535、0.467、0.712，工学、理学和经济学的 Simpson 的均匀度指数偏低，这三个专业具有学历的集聚效应，工学偏重于本科和硕士学历，理学和经济学主要集中于本科学历。高新区产业如能源动力、海洋工程、航空航天、生物工程、计算机、电子通信等都属于工学专业范畴，因此，对于高新区科技人力资本，工学学历投资相对较大，对职前教育的程度和在职培训的深度等都具有很高的要求。

从 J_s（年龄）、J_s（技能）、J_s（学历）的比较图（见图 5.7）可知科技人力资本存量特征如下：科技人力资本技能在大专不高的结构层的 Simpson 的均匀度指数都高于年龄均匀度指数和专业均匀度指数，说明技能虽然同结构层比较没有集中优势度，但是具有较均匀的技能水平，说明浙江高新区科技人力资本不同专业的技能水平能够互相匹配，在现有的技术水平下能够相互适应和协作。

5.3.4 科技人力资本生态优势度

根据章节 4.4 生态优势度理论中 Simpson 优势度指标测定各类群落生态优势度公式（4.6），可以计算浙江高新区科技人力资本各个属性群落内不同种群的生态优势度，这里拟合公式为：

$$C_i = \sum_{j=1}^{m} (n_{ij}/N_j)^2 \tag{5.7}$$

式中：C_i 为科技人力资本第 i 属性群落的种群生态优势度，m 为科技人力资本 i 属性群落的种群个数；n_{ij} 为 i 属性群落的第 j 个种群人力资本数量；N 为 i 属性群落种群的人力资本总量。

高新区科技人力资本的年龄结构优势度计算中，首先要做下列假设。

假设一：高新区科技人力资本生态系统是高新区生态系统的子系统，即科技人力资本亚生态系统。

假设二：科技人力资本亚生态系统中，按照地理位置分为不同的群落——嘉兴、萧山、宁波、绍兴、莫干山、衢州和温州科技人力资本年龄结构群落，其中每个群落都按照人力资本年龄结构分为小于等于 29 岁、40~49 岁、40~49 岁、

50~59 岁、大于等于 60 岁，即将高新区科技人力资本年龄结构层作为依存于整个年龄群落的不同种群单元。

假设三：科技人力资本亚生态系统的结构层是年龄结构层，它的功能层则是专业、学历和技能等被考察项，一个生态系统的结构和功能相匹配，才能使系统处在动态的平衡状态中。表 5-16、表 5-17、表 5-18 是高新区科技人力资本亚生态系统在年龄结构中对功能单元——专业、学历和技能的优势度的计算，分别表示为 C（年龄—专业）、C（年龄—学历）和 C（年龄—技能）。

表 5-16　高新区科技人力资本年龄结构专业优势度

年龄结构	衢州	嘉兴	宁波	萧山	绍兴	杭州	莫干山	温州
≤ 29 岁	38%	59%	57%	40%	49%	61%	50%	45%
30~39 岁	29%	30%	30%	20%	33%	29%	28%	32%
40~49 岁	25%	9%	9%	1%	13%	7%	14%	12%
50~59 岁	8%	3%	2%	39%	5%	3%	4%	6%
≥ 60 岁	0	0	1%	0	0	0	4%	4%
C（年龄—专业）	0 .30	0.44	0.43	0.35	0.37	0.46	0.35	0.33

表 5-17　高新区科技人力资本年龄结构学历优势度

年龄结构	衢州	嘉兴	宁波	萧山	绍兴	杭州	莫干山	温州
≤ 29 岁	38%	59%	60%	63%	49%	61%	49%	44%
30~39 岁	29%	30%	29%	32%	33%	29%	28%	34%
40~49 岁	25%	9%	9%	2%	13%	37%	14%	12%
50~59 岁	8%	3%	2%	3%	5%	29%	4%	7%
≥ 60 岁	0	0	2%	0	0	25%	5%	4%
C（年龄—学历）	0.30	0.45	0.45	0.5	0.37	0.46	0.34	0.33

表 5-18　高新区科技人力资本年龄结构技能优势度表

年龄结构	衢州	嘉兴	宁波	萧山	绍兴	杭州	莫干山	温州
≤ 29 岁	39%	59%	56%	39%	49%	61%	47%	43%
30~39 岁	26%	30%	30%	18%	33%	29%	29%	34%
40~49 岁	26%	9%	9%	1%	13%	7%	15%	12%
50~59 岁	9%	2%	3%	41%	5%	3%	4%	7%
≥ 60 岁	0	0	1%	0	0	0	5%	3%
C（年龄—技能）	0.30	0.44	0.42	0.36	0.37	0.46	0.33	0.32

根据表 5-16、表 5-17 和表 5-18 所得的 C（年龄—专业）、C（年龄—学历）和 C（年龄—技能）数据所做的样本高新区科技人力资本年龄结构优势度比较图可以显示出三个特点：

第一，C（年龄—专业）居于前三位的是宁波、嘉兴和杭州；C（年龄—学历）居于前四位的是萧山、宁波、嘉兴和杭州；C（年龄—技能）居于前三位的是宁波、嘉兴和杭州。

嘉兴、杭州的年龄结构优势度无论在专业、学历还是技能上都排在样本高新区的前列，这是毋庸置疑的。首先，嘉兴、杭州的历史积淀厚重，新中国成立至今始终是文化、经济的中心；其次，嘉兴、杭州的人文色彩比较浓重，也是我国对外开放的窗口，中外交流频繁，这种国内外的信息传递对于高新产业来说尤为重要。基于以上原因，坐落在嘉兴、杭州的高新区依托两个城市的雄厚的经济、文化、技术的支撑，年龄结构优势度较明显就不足为奇。

宁波在三线图上的年龄结构优势度都位于前三名。2007 年 1 月，经国务院批准，宁波高新区升级为国家高新技术产业开发区。高新区东临宁波深水良港，南接杭甬高速公路，西靠宁波市区，北连杭州湾跨海大桥，是宁波建设创新型城市的重要载体和长江三角洲南翼的科技创新基地，先后引进中科院材料所、兵科院宁波分院、宁波中科集成电路设计中心、宁波微软技术中心、TRW 亚太技术中心等科技研发机构 145 家；集聚日本三洋、美国伊顿和日银 IMP 微电子、升谱光电、永新光学等各类企业 2000 多家；建成了宁波市科技创业中心、浙大科创中心等总面积达 25 万平方米的高水准"孵化器"，引进各类科技人才 2.8 万人，现已建设成为交通便捷、信息畅通、配套完善、功能齐全、人才荟萃、环境优美的数字化、生态化科技新城区。2018 年 2 月 1 日，国务院做出关于同意宁波高新技术产业开发区建设国家自主创新示范区的批复。2019 年 7 月，其荣获全国模范劳动关系和谐工业园区。

萧山高新区在科技人力资本学历的年龄结构优势度上居首。从产业特色来看，比较突出和鲜明，以汽车及汽车零部件产业为主导，园区内聚集了神龙汽车、三环汽车、东风本田汽车、东风渝安、东风风神、东风电动等整车生产企业，还有上百家汽车零部件生产企业，以及 30 多家汽车研发机构，形成了汽车产业链，专业化程度较高。该园区的产业特点使得学历偏于本科及大专，并且年龄上偏于小于 29 岁的年龄结构，因此，该区科技人力资本学历的年龄结构优势度较高。

第二，C（年龄—专业）、C（年龄—学历）、C（年龄—技能）三线比较图中，温州高新区和衢州高新区成为三条曲线的共同下顶点，说明温州、衢州高新区的专业、学历和技能的年龄结构优势度均较低。温州国家高新技术产业开发区共有 2000 多家企业，其中规模以上企业 214 家，科技型企业 66 家，高新技术企业 28 家（涉及电子信息、生物医药、新材料、新能源等行业）。已建成国家级创业服务中心、留学生创业园等创新创业基地，拥有科技孵化器面积 20.5 万平方米。衢州高新区园区核心区现有工业企业 1000 余家，拥有 225 家知名企业，其中超亿元企业 91 家，5 亿元以上企业 23 家，10 亿元以上企业 13 家，100 亿元以上企业 2 家，上市公司 2 家。现有职工 8 万人，居民 20.5 万人。这两个高新区支柱产业结构都偏制造加工型产业，高新科技的先进性受到产业结构的影响，年龄结构在专业、学历和技能功能单元上，由于分布均匀度较高、集聚优势相对较差，因此，两者的年龄结构优势度偏低。

第三，从 C（年龄—专业）、C（年龄—学历）、C（年龄—技能）三线比较图的趋势分析得：一是横向，高新区科技人力资本的专业、学历和技能的年龄结构

优势度变化趋势基本一致，说明在年龄结构对专业、学历和技能功能单元的影响
方向相同，再次说明年龄是科技人力资本的客观属性，专业、学历和技能是科技
人力资本客观与主观共同作用并受能动影响的属性；二是纵向，高新区个体的科
技人力资本的专业、学历和技能的年龄结构优势度基本吻合或相差无几，说明高
新区生态系统的群落结构和功能彼此互补，也可以进行高新区个体在专业、学历
或技能结构的其他功能单元的比较分析，这也印证了群落结构和功能可相互转换
性。

5.4　高新区创新绩效及其评价

5.4.1　高新区创新绩效的界定

5.4.1.1　高新区创新绩效的含义

所谓的"区域创新绩效"，又称"区域全面创新绩效"或者"区域综合创新绩
效"，它是指全区域各个创新主体各类资源要素组成的区域系统的创新绩效。本
研究中所定义的高新区创新绩效是指：通过对特定的高新技术产业开发区内各类
创新主体进行一定的人、财、物、信息、制度、文化等新资源的投入，以专利、
论文、专著及新产品、新标准、新技术、新创意等为主要直接创新成果，对高新
区科技创新能力提升、系统管理运营效率改善、经济效益提高及全面繁荣发展等
战略目标的实现所产生的积极影响和综合表现。

为了准确理解高新区创新绩效的含义，笔者将科技活动资源投入产生的科技
创新绩效与全区域综合资源投入产生的区域创新绩效加以区分。这个区分的必要
性和可行性可依据科技活动、科技活动人员的界定及科技活动的主要成果形式。

科技创新绩效应该准确界定为科技活动所产生的绩效。联合国教科文组织将
科技活动定义为"在科学技术领域内，与科技知识的产生、发展、传播和应用密
切相关的有组织的系统的活动"，具体分为研究与发展（R&D）活动、研究与发
展成果应用活动、科技服务活动三类。科技活动人员指直接从事科技活动及专门

从事科技活动管理和为科技活动提供直接服务的人员。一般要求其全年累计从事科技活动的实际工作时间占全年制度工作时间的 10% 以上。

需要特别说明的是，某些学者将技术创新绩效理解为甚至等同于区域创新绩效，这是不确切的，因为它将知识创新和制度创新等排除在外或者混淆其间。很多学者在研究中往往将能力等同于绩效、将创新能力等同于创新绩效，这也是不确切的，因为创新能力只是创新绩效的一种表现，良好的创新能力在不良的制度环境下也是很难发挥并进一步创造效益的。

显然，高新区科技创新绩效只是高新区综合创新绩效的一部分。当然，科技创新绩效也取决于系统要素的运行方式和要素间的相互作用，而要素互动的效率和程度又与区域制度安排、政策法规、基础设施建设的水平和创新文化氛围等环境因素息息相关。

5.4.1.2 科技创新的二次绩效论

仅仅就科技创新来讲，以基础研究、应用研究、试验发展、成果应用与转化为活动内容的整个科学研究与试验发展为第一阶段，科技成果通过企业规模生产转化为商品和生产力为第二阶段。因此，笔者针对这两个阶段提出"科技创新的二次绩效论"，也就是说科技创新实际上主要产生二次绩效：第一次绩效主要形成论文、专著、专利（发明专利、实用新型专利、外观设计专利）等知识产品及可用于生产的新产品、新工艺、新材料。从工业技术方面看，在原理、结构、功能和形式上发生了改变的产品都叫新产品。按工业产品研究开发过程，新产品可分为全新产品、模仿型新产品、改进型新产品、形成系列型新产品、降低成本型新产品和重新定位型新产品，一般来说这六类产品的比例大概分别在 10%、20%、26%、26%、11%、7%。第二次绩效主要产生扩散、外溢的经济和社会效益。第二阶段所实际生产出来的新产品一部分直接用作商品消费，另外一部分作为生产资料重新参与生产活动，科技创新绩效扩散并促进更广泛意义上的区域创新。

5.4.2 中美两国高新区创新绩效评价对比

5.4.2.1 中国国家高新区的创新绩效评价

科技部火炬中心于 1993 年、1999 年、2004 年、2008 年先后四次制定和修改国家高新区评价指标体系。这些评价指标体系对不同时期高新区的建设、发展起到了积极的推动作用，但前三次制定的评价指标体系是一种基于系统的绩效评价，主要关注高新区当期达到的发展状态，并对国家高新区的发展状态进行排序比较。2008 年 5 月出台的《国家高新技术产业开发区评价指标体系》，由知识创造和孕育创新能力、产业化和规模经济能力、国际化和参与全球竞争能力、高新区可持续发展能力 4 个一级指标构成。科技部火炬中心还将每 2 年对统计指标和评价指标进行微调，每 6~8 年进行综合修正和调整。

2008 年，新的高新区评价指标体系是在国务院及时提出了科学发展观、建设创新型国家的战略背景下制定的。2006 年，《中共中央国务院关于实施科技规划纲要 增强自主创新能力的决定》（中发〔2006〕4 号）提出了推进国家高新区以增强自主创新能力为核心的"二次创业"的发展战略，《国务院关于实施国家中长期科学和技术发展规划纲要（2006—2020 年）的若干配套政策的通知》（国发〔2006〕6 号）中明确了国家高新区"四位一体"的定位，科技部在全国高新区工作会议上提出了"五个转变"的具体要求。国务院批准的《国家高新区扩区、改变区位和省级高新区升级的审批原则和审批程序》提出了对国家高新区主要指标进行排序的工作（见表 5-19）。

表 5-19 国家高新区评价指标体系

一级指标	二级指标
知识创造和孕育创新的能力	千人拥有研发人员数
	千人拥有理工类本科（含）学历以上人数
	企业万元销售收入中 R&D 经费支出
	千人拥有科技活动经费筹集总额
	人均规模以下科技型企业直接股权投资
	千人享有的政府对规模以下科技型企业的创新资助
	千人拥有发明专利累计授权数
	千人当年重要知识产权授权数
	单位面积新注册的 500 万元以下科技型企业数
	人均技术合同交易额
	科技活动经费中海外经费的比例
	企业利润率
产业化和规模经济能力	单位面积营业总收入
	单位面积的资产总额
	千人拥有的商标数
	新产品销售收入占产品总销售收入的比例
	单位直接投资形成的企业总资产
	万人拥有的上市企业数量
	主导产业集聚度
	主导产业首位度
	高新技术产业营业总收入占高新区营业总收入的比例
	高技术服务业营业总收入占高新区营业总收入的比例
	高新技术企业数占区内企业总数的比例
	高新技术产业对区域辐射和带动能力评价（定性）
	工业增加值国际化和参与全球竞争的能力
	人均税收总额

续表

国际化和参与全球竞争的能力	高新技术产品出日额占高新区出口总额的比例
	非外商独资企业的实收海外资本占高新区全部实收海外资本的比例
	内资控股企业高新技术产品出口额占高新区出口总额的比例
	千人拥有欧美日注册商标数
	千人拥有欧美日专利授权数
	内资控股企业专利授权数占高新区专利授权数的比例
	高新区企业"走出去"程度评价（定性）
高新区可持续发展能力	千人拥有的大专（含）学历以上从业人数
	千人拥有的高技术服务业从业人数
	千人拥有的投资机构和金融机构从业人数
	千人拥有的企业经营管理者人数
	科技人员年均收入
	高新区管委会体制与机制创新评价（定性）
	人居环境评价（定性）
	单位面积企业新增直接股权投资额
	万元产值综合能耗
	单位增加值综合能耗

资料来源：科技部《国家高新技术产业开发区评价指标体系》（国科发火〔2008〕191号）。

2008年新的国家高新区评价指标体系制定的基本原则：一是以"政策评价"为基本定位；二是以"四位一体"和"五个转变"为出发点；三是从支撑性、投入性、产出性等不同角度选取指标，尽可能使同一层次的各指标具有独立性；四是选择用效率等比值型指标，而不是用总量等规模型指标；五是尽可能用可统计的量化指标；六是指标选择遵循少、简、易操作的原则。

2008年新的国家高新区评价指标体系的主要特点是：政策评价，强调目的性；突出重点，引导方向；考虑差异，分类指导；定量为主，定性为辅；动态监测，国际接轨。重点强调从"自主创新、创业环境、内生增长、资源有效利用"等方面，引导高新区实现国家导向目标。

这种评价指标主要是基于高新区基础发展能力的综合评价，指标重复率高，数据采集量大，需要各个高新区的统计口径保持高度一致。

表 5-20   区域环境测度指标

一级指标	二级指标
经济支撑	人均 GDP
	国际贸易额占 GDP 比重
	高技术产业占 GDP 比重
	城镇人均私有股权投资
	城镇职工年均总收入
知识支撑	全社会研发投入占 GDP 比重
	千人拥有科技活动经费筹集总额
	千人拥有直接科技活动人数
	每千位居民理工本科以上学历
	每百万居民的专利授权数
环境支撑	每千居民当地研究生在读人数
	城镇人均中小学教育的公共支出
	每千人宽带接入数量

资料来源：科技部《国家高新技术产业开发区评价指标体系》（国科发火〔2008〕191 号）。

5.4.2.2 美国高新区创新绩效评价

区域的科技竞争力不完全等于创新力。知识经济时代，创新的特征、方式、方法都在不断演变之中，表现为：技术更新的速度加快、边缘学科产生、技术创新合作加强、民主化参与、创新成果的全球化分享。因此，美国学者认为竞争优势的获得需要先进的创新理念、高质量的产品、高效率的服务，让消费者得到更多的价值和选择。

美国年国内生产总值（GDP）增长的 50% 来自产品和服务的创新。美国对区域创新绩效的评价采取的是"创新—生产力—繁荣"模式，主要考察知识创造力和流动力、企业技术创新力、创新的环境、创新的经济效益（创新的产出能力）等关键要素，突出体现了创新和繁荣之间的有机联系。

"创新—生产力—繁荣"的逻辑关系是：（1）繁荣是经济发展的基本目标。人均收入、中等家庭收入及贫困线等反映生活水平的指标是创新绩效评估的重要标准。（2）推动区域经济繁荣所面对的挑战是创造生产力持续增长的环境。区域居民生活标准高低取决于该区域经济生产力的高低，而生产力决定了区域繁荣程度。在经济发达国家，生产力增长主要依靠提高产品和服务的附加值及生产效率的能力。生产力的增长率决定增资水平和投资者回报。（3）生产力的增长越来越依靠技术和管理创新能力。创新增强竞争力，主要体现在两个方面：降低底线成本、应用新技术、新工艺等减少加工成本；增加高线收入，通过向世界市场提供新产品和服务获得高额的附加值。（4）区域创新生态系统支撑创新活动。这种生态环境的组成，主要依赖三个方面：一是区域人力、知识、金融、物质及机制等资源，甚至包括研发投入、技术转让、企业家精神激励等。二是来自工商界、教育界、政府及非营利组织的领袖们组成的经济组织，还包括投资者联盟、大学与企业之间合作研究、孵化器、劳动力培训计划等，以及体育联合会、大学校友会等非正式网络组织。三是创新的文化环境。创新理念资源在地理和文化方面不断扩展和分享，对风险公司的认同及对冒险精神的容忍和鼓励，都使创新的软环境得到优化。

5.4.3 高新区"三阶三维"创新绩效评价体系

5.4.3.1 "三阶三维"创新绩效评价结构模型

从资源循环角度，在企业、政府、大学科研机构、金融机构、中介机构、其他组织共同组成的协同创新系统中，高新区创新绩效的产生要经历创新资源投入、科技成果产出、科技成果经济化三个基本阶段，创新绩效则表现在系统运营绩效、科技创新绩效、经济绩效三个维度。因此笔者以二次绩效论为基础，构建基于"环境—过程—结果"的高新区"三阶三维"创新绩效评价结构模型。科技创新绩效体现为通过新的创立、创造、革新等科技活动在持续创新能力和科技创新目标上的实现程度。高新区与一般经济区域最大的不同就是强调高新技术的创新功能。创新日益成为全球价值链的内在组成要素。高新区的产业集群本身就是一个个巨大的创新体系，整个网络组织的技术创新发挥辐射示范效应，改变了经济增长方式，从而促进了经济绩效目标的实现。因此，科技创新绩效是高新区最重要的行为绩效目标。系统运营绩效实际上是制度运行的效率，在结果上体现为服务质量的改善、运行成本的降低和竞争力的提升。经济绩效是指主要经济指标的实现程度，它表明高新区的经济产出能力。任何组织的管理都是为了获得某种有益的效果，具体体现为有效产出与其投入之间的一种比例关系，高新区及其创新集群也不例外。基于考察角度的不同，效益一般可区分为经济效益和社会效益两种形式。经济效益是人们在社会经济活动中所取得的收益性的成果，它是通过提高经济活动的效率而得到的实际经济效益。社会效益则是指人们的各种活动对社会科技、政治、文化、生态、环境的积极作用或有益的效果，主要表现在公众反应和社会评价体系上，包括体现社会就业、社会公平、环境维护、社会诚信等方面的指标。

就各具体的高新技术产业区来讲，企业是绝对的主体，产业和产业集群是企业的重要组织形式，因而如果要全面考量区域的创新绩效，最好将企业和产业及产业集群的创新绩效作为重要的参考维度，也就是说从企业、产业集群和区域整体三个层面进行综合考察。

5.4.3.2 "三阶三维"创新绩效评价指标体系

由上面的综合分析可以看出，环境、行为、结果是高新技术产业区创新绩效产生和良性循环的逻辑时序，创新绩效的表现就是使创新的环境条件得到改善、创新行为能力得到提升、创新的期望目标得到实现。高新区创新绩效评价指标体系见表 5-21、图 5.6，浙江省高新区经济指标见表 5-22。

表 5-21　高新区创新绩效评价指标体系

创新绩效	主要指标
科技创新绩效	每万人拥有专利授权数
	每万人发表论文数
	每万人拥有的专著数
	新产品占全部产品的比例
	新产品产值占总产值的比例
	技术收入占总收入的比例
	高技术产品的自主知识产权率

续表

系统运营绩效	固定资产交付使用率
	全要素生产率
	全员劳动生产率
	工业增加值率
	GDP 增长率
	利润率
	技术市场活跃指数（技术合同交易额 / 销售额）
	贸易竞争指数
	技术收益率（技术收入占总收入的比重）
	产品出口率（新产品出口销售收入 / 总收入）
经济绩效	人均 GDP
	人均工业总产值
	人均工业增加值
	人均净利润
	人均利税
	人均创汇

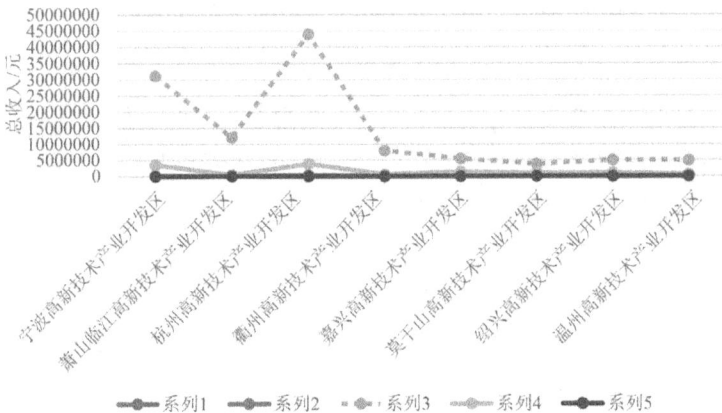

图 5.6 浙江省高新区创新绩效评价指标体系

表5-22　浙江省高新区经济指标

开发区	企业数 / 个	从业人员 / 人	总收入 / 万元	出口总额 / 万美元	人均收入 / 万元	人均出口额 / 万美元
宁波高新技术产业开发区	544	171125	31132383	3536240	181.93	20.66
萧山临江高新技术产业开发区	403	70975	12079802	449907	170.20	6.34
杭州高新技术产业开发区	1950	291863	43998869	3826371	150.75	13.11
衢州高新技术产业开发区	227	64313	7879791	584317	122.52	9.09
嘉兴秀洲高新技术产业开发区	123	52036	5384818	1335718	103.48	25.67
莫干山高新技术产业开发区	224	38216	3723491	868082	97.43	22.72
绍兴高新技术产业开发区	245	54979	4923394	1025845	89.55	18.66
温州高新技术产业开发区	503	108791	4852165	496695	44.60	4.57

　　高新区的经济绩效指标可采用总收入、工业总产值、工业增加值、净利润、上缴利税、创汇总额来表示。由于各个高新区的发展历史基础不同，直接用上述绝对指标作横向比较容易失真，因此也可用人均总收入、人均工业总产值、人均工业增加值、人均净利润、人均利税、人均创汇等相对指标来衡量经济绩效。

　　创新的直接结果是新技术、新产品的产出和知识产权的拥有，也就是创新绩效的直接表现形式。这里可用技术收入占总收入的比重、高新技术产品出口额占高新区出口总额的比例、每千人拥有专利（发明、实用新型和外观设计）授权数、高新技术产品的自主知识产权率等指标来衡量。发展是事物由小到大、由简单到复杂、由低级到高级的变化趋势。高新区的发展体现在组织规模的变化、结构形式变化、能量状态的变化三个方面。许多高新区先期投入的主要目标不是经济绩效的获得，而是创新环境和机制的培育，使创新系统得以完善并有利于高新区的长期有效发展。

　　系统运营绩效主要用反映效率和绝对优势及相对优势的指标来衡量，如全要素生产率、全员劳动生产率、工业增加值率、人均 GDP 增长率、技术交易差额系数、贸易竞争指数、主要高技术产品的比较优势指数等。

6

浙江高新区科技人力资本生态拟合度与创新绩效影响效应实证

6.1 浙江高新区科技人力资本生态拟合度与创新绩效影响效应实证

6.1.1 样本的选取与数据来源

本研究所采用的数据主要来源于《中国火炬统计年鉴》《浙江统计年鉴》《中国高新技术产业统计年鉴》。对数据的横向分析主要采用浙江 8 个高新技术开发区的统计数据，得出的浙江高新区人力资本生态拟合数据及参数的相关性见表6-1。

由于各个统计年鉴所收录的数据不能完全满足整体模型研究的需要，因此在研究浙江高新区人力资本的各个方面究竟如何及在多大程度上影响浙江高新区的各类绩效时，对部分数据的处理采用了替代和推测的方法，比如对浙江高新技术产业创新绩效的数据主要以人均收入和人均创汇来替代。

同时，正由于数据的不完整，所以本着具体问题具体分析的原则，根据需要选取不同统计年鉴中的数据来具体分析模型中不同变量之间的相互关系。限于篇幅，对显而易见或者已经相关研究有足够证明的关系，只做简略的分析。

表 6-1　浙江高新区人力资本生态拟合数据

地区	C（年龄—专业）	年龄结构生态位	C（年龄—学历）	C（年龄—技能）	万人专利数/件	人均收入/万元
衢州	0.30	0.10	0.30	0.30	14.9773	103.48
嘉兴	0.44	0.11	0.31	0.32	15.0669	122.52
宁波	0.43	0.09	0.45	0.44	41.3942	181.93
萧山	0.35	0.1	0.34	0.36	18.4842	170.20
绍兴	0.37	0.11	0.40	0.41	33.4655	170.20
杭州	0.46	0.1	0.56	0.58	54.9645	150.75
莫干山	0.35	0.09	0.41	0.39	33.4655	97.43
温州	0.33	0.09	0.36	0.32	22.2578	44.60

6.1.2　浙江高新区人力资本生态拟合度对创新绩效的影响假设验证

人力资本的生态拟合体现在文化结构、职称结构、岗位结构、年龄结构等多个方面，本研究将从这些拟合中选取年龄结构生态位、人力资本的优势度 C（年龄—专业）、人力资本的优势度 C（年龄—学历）、人力资本的优势度 C（年龄—技能）对于科技创新绩效的相关性进行研究，并提出如下假设。

假设 A1：浙江高新区人力资本的年龄结构生态位与创新绩效正相关，表现为年龄结构生态位越高则创新绩效越高。

假设 A2：浙江高新区人力资本的优势度 C（年龄—专业）与创新绩效正相关，表现为优势度 C（年龄—专业）越高则创新绩效越高。

假设 A3：浙江高新区人力资本的优势度 C（年龄—学历）与创新绩效正相关，表现为优势度 C（年龄—学历）越高则创新绩效越高。

假设 A4：浙江高新区人力资本的优势度 C（年龄—技能）与创新绩效正相关，表现为优势度 C（年龄—技能）越高则创新绩效越高。

将 R&D 经费支出、科技活动经费作为控制变量，考察人力资本生态拟合度对创新绩效的影响（见表 6-2），结果表明：

（1）人力资本年龄结构生态位与万人均专利数、人均收入不相关，说明年龄结构对浙江高新区的绩效没有什么影响。

（2）浙江高新区人力资本的优势度 C（年龄—学历）与万人均专利数正相关，但与人均收入呈低度正相关，说明学历专业对创新绩发挥了应有的作用，主要体现在专利成果上，但在人均收入上没有起到支持作用，同时也说明一味追求高学历的"过度教育"对创新绩效可能无济于事。

（3）浙江高新区人力资本的优势度 C（年龄—技能）与万人均专利数高相关，与人均收入低度正相关，说明技术技能型人才对创新绩效起支持作用，但主要体现在专利成果上。

（4）浙江高新区人力资本的优势度 C（年龄—专业）与万人均专利数、人均收入呈微弱正相关，可能因为浙江高新区的技术含量不高，也可能由于专业在各个高新区有不同的作用。

表 6-2　参数相关性

控制变量		年龄结构生态位	万人专利数/件	年龄技能优势度	人均收入/万元	年龄学历优势度	年龄专业优势度
年龄结构生态位	相关性	1.000	−0.233	−0.057	0.360	−0.238	0.234
	显著性	—	0.579	0.894	0.381	0.570	0.577
	df	0	6	6	6	6	6
万人专利数	相关性	−0.233	1.000	0.959	0.394	0.990	0.603
	显著性	0.579	—	0.000	0.334	0.000	0.114
	df	6	0	6	6	6	6
年龄技能优势度	相关性	−0.057	0.959	1.000	0.502	0.974	0.679
	显著性	0.894	0.000	—	0.204	0.000	0.064
	df	6	6	0	6	6	6
人均收入	相关性	0.360	0.394	0.502	1.000	0.354	0.504
	显著性	0.381	0.334	0.204	—	0.390	0.203
	df	6	6	6	0	6	6

续表

控制变量		年龄结构 生态位	万人专利 数/件	年龄技能 优势度	人均收入 /万元	年龄学历 优势度	年龄专业 优势度
年龄学历 优势度	相关性	−0.238	0.990	0.974	0.354	1.000	0.619
	显著性	0.570	0.000	0.000	0.390	—	0.102
	df	6	6	6	6	0	6
年龄专业 优势度	相关性	0.234	0.603	0.679	0.504	0.619	1.000
	显著性	0.577	0.114	0.064	0.203	0.102	—
	df	6	6	6	6	6	0

注：单元格包含零阶（Pearson）相关。

6.1.3 浙江高新区人力资本生态拟合对创新绩效影响分析

浙江高新区人力资本的总体结构存在着一定的不均衡现象，表现为不同的人力资本拟合优势度不同。人力资本的冗余状况在不同部门和创新主体之间存在差异，并直接影响到人力资本的综合效率。大专院校、高新区直属企业、军队系统、无主管企业的综合效率不高；企业大专学历以上人员的冗余量较大，人员利用不够充分；高新区直属企业、军队系统大专学历以下人员冗余量大，人才学历层次偏低；高职称人员在大专院校比较集中，而浙江高新区直属企业和政府职能部门高职称者偏少。

科技人员在很大程度上促进了技术的引进、消化、吸收，从而促进技术收入和总收入的增加，成为浙江高新区创新绩效的重要支撑，高学历人员对创新绩效充分发挥作用，尤其是对专利成果起到有力的支持作用。实证发现：浙江高新区人力资本的优势度 C（年龄—学历）与万人均专利数正相关，与人均收入呈微弱正相关。这个结果也说明一味追求高学历的"过度教育"对创新绩效尤其是人均收入可能帮助不大；同时也说明从产权性知识到产品的市场销售创汇还有相当长的进程，要缩短这个进程，提高科技成果的转化效率是当前浙江各高新区必须直面的紧迫任务。

硕士层次人员对经济产出起到了强有力的支撑作用。硕士层次人员对经济产出的支撑度最强，因而有必要适当增加这一层次人员的比例。同时，博士学历及以上人员属于研究型尖端人才，而研究成果主要以专利和论文的形式存在，并且具有相当强的知识外溢效应，因而这类人才对于浙江高新区企业的短期经济效益并不明显，但是对于更大区域的企业的长期自主创新可能具有更好的效益。这也表明，企业尖端人才的自用效益值得关注。

浙江高新区对年轻人的开发和利用还有很大空间。通常，人的创造力发挥最为旺盛的年龄阶段是 25~45 岁，而高新区人力资本年龄结构显示，29 岁及以下人员几乎占到一半。高新技术产业技术更新快，人才竞争激烈，年轻人大多具有较高的素质和快速学习能力，易于接受严格的技术训练，更能快速适应技术变迁的环境，这说明年轻态人力资本对经济绩效发挥了最为积极的作用。然而，大量的、高端的创新研发任务都依赖 29 岁以下的年轻人这显然不合理，30~45 岁人群正处于人的创造力高峰时期，在这个年龄域限内，浙江高新区人力资本还有很大的开发和提升空间。

实证发现，浙江高新区不同类型的人力资本必须保持协调的比例，并不是要一味追求高职称和高学历，技能对绩效的作用也很大，这是因为：一是当前的职称评定对学术论文的要求比对其他贡献的要求更高、更直接；二是高学历代表了高素质，但不绝对代表在市场经济中的高能力。隐性的能力开发比显性的文凭和职称的信号功能更重要。因而，浙江高新区有必要对人才的评价进行重新审视并在人才使用上进一步更新观念。

6.2 浙江高新区科技人力资本感知生态拟合度研究

6.2.1 科技人力资本感知体系

浙江高新区科技人力资本感知是指科技人力资本所有者对高新区生态系统内无机环境、营养结构等的满意程度。在满意度研究方面，Simth，Kendall & Hulin（1969）认为员工满意是工作本身、工资、升迁等因素的产物，这些因素的变动会影响员工满意度的感知；斯坦利·西肖尔（Stanley E. Seashore，1975）等将员工满意相关因素整理成框架，包括员工感知的因果因素；洛克、阿默德和菲德曼（1982）认为员工满意构成因素包括工作本身、工作晋升、认可、经济报酬、自我、福利、领导、工作团队与工作环境等；Brown 等（1993）认为员工满意影响因素归为工作结构、个人差异、角色知觉、组织四类；Benders 等（1996）认为薪水不是影响工作满意的直接关系。

我国学者刘芸（2004）认为，员工满意体现在薪酬、工作、晋升、管理和环境等方面；祁文雅、汪小莉、蔡张寅（2005）对比国内外员工满意度研究的影响因素，总结出影响因素包括宏观环境、组织环境和员工个体；伍晓奕、王纯孝、谢礼珊（2006）认为薪酬满意度与薪酬水平、奖金、福利、加薪、薪酬制度与管理满意感有关；黄桂（2017）认为员工满意度有其制约因素，组织还要考虑整体管理水平、发展阶段、文化匹配度及满意水平；徐兰、李晓萍、戴云徽（2008）选取薪酬福利、职业发展、团队氛围、工作本身、公司管理、公司环境等六个方面作为员工满意度评价指标；孙建敏、张明睿（2009）认为，考量授权、培训、团队合作、上司满意度、同事满意度、工作本身满意度等 6 项指标在所有制对高绩效工作与员工满意度之间调节作用。

通过参考工作满意度相关文献、成形的指标体系及实际调研中浙江高新区科技人力资本所有者对工作条件的要求，本书列出包括工作负担、工作外部环境、工作氛围、工作时间的自由度、在工作中充分发挥个人的能力、工作成就感与自我实现、工作发展宽松度、工作兴趣契合度、薪金分配、进修培训机会、晋升机会、领导员工沟通度、与同事之间的关系、部门冲突之间的协调和领导对科技人员的关怀等 15 项指标。满意度分为很满意、基本满意、一般、不满意和很不满意五个等级，分别量化得分为 9、7、5、3、1 分。

6.2.2 科技人力资本感知生态拟合度实证

6.2.2.1 信度检验

本书采用 α 系数来衡量量表的信度。根据一般信度系数分层的方法，一份内在信度较好的量表，量表的 α 系数在 0.90 以上为非常理想的状态，信度很高，在 0.90~0.80 为理想，在 0.60~0.80 可以接受；小于 0.6 则表示内部一致性较差，信度非常不理想。本研究应用软件 SPSS 19.0 对人力资本感知的 15 个变量进行了信度分析（见表 6-3）。

表 6-3　可靠性统计量

Cronbach's Alpha	基于标准化项的 Cronbach's Alpha	项数
0.945	0.950	15

如表 6-3 所示，信度系数为 0.945，大于等于 0.950，信度极好，因此认为本问卷数据内部一致性较高。

6.2.2.2 效度检验

效度一般又称为有效性，是我们通过测量工具或手段准确测出所需测量的事物的程度，我们通过测量得到的结果反映我们所需考察内容的程度。如果实际测量得结果与我们要考察的内容越相符，我们得到的效度就越高；反之，则效度越低。

本书首先对浙江 15 个高新区员工满意度因素变量测量问项的数据进行 KMO 和球体检验，判断测量项目是否适合做因子分析。一般来说，KMO 值至少应达到 0.5 以上，Bartlett 球形检验达到显著。

表 6-4　KMO 和 Bartleft 检验

取样足够度的 KMO 度量		0.926
Bartlett 的球形度检验	近似卡方	2884.651
	df	105
	Sig.	0.000

从表 6-4 中可以看出，本次 KMO 值为 0.926，大于 0.7，Bartlett 球形检验值（Sig）已达到显著水平，此问卷样本数据适合做因子分析。

6.2.2.3 因子分析

用主成分法提取公因子，得到包含特征值的总方差解释表（见表 6-5）。

表6-5　因子解释原有变量总方差

成分	初始特征值			提取平方和载入			旋转平方和载入		
	合计	方差的%	累积%	合计	方差的%	累积%	合计	方差的%	累积%
1	8.994	59.961	59.961	8.994	59.961	59.961	5.395	35.964	35.964
2	1.769	11.794	71.755	1.769	11.794	71.755	4.304	28.690	64.654
3	1.093	7.288	79.042	1.093	7.288	79.042	2.158	14.388	79.042
4	0.543	3.618	82.660						
5	0.477	3.179	85.840						
6	0.396	2.639	88.478						
7	0.315	2.098	90.577						
8	0.279	1.857	92.433						
9	0.233	1.557	93.990						
10	0.218	1.451	95.441						
11	0.184	1.229	96.670						
12	0.165	1.099	97.769						
13	0.130	0.868	98.637						
14	0.109	0.724	99.361						
15	0.096	0.639	100.000						

提取方法：主成分分析。

　　主成分的选取以特征值大于1来确定，由此可见前3个主成分已经足够描述指标的大部分信息。表中表示出前3个主成分的方差贡献率分别为35.964%、28.690%、14.388%，累计贡献率为79.042%，即表明这三个主成分能够有效反映人力资本满意度影响因素的重要程度。

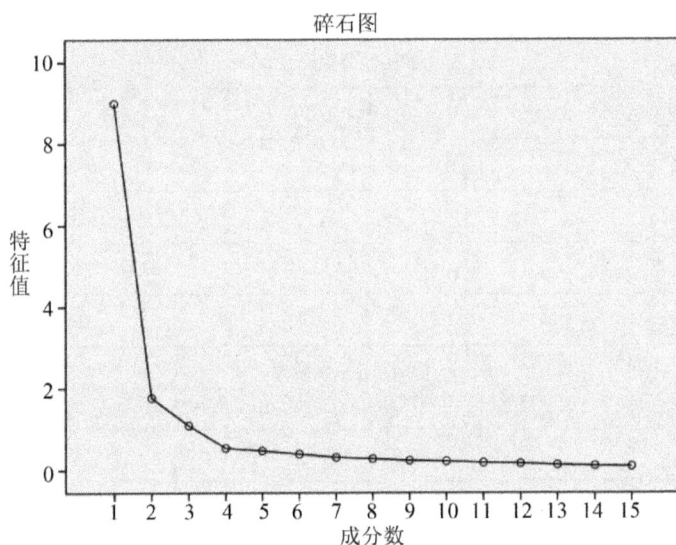

图 6.1　因子碎石图

　　应用 SPSS 软件得到抽取因子的因子负荷矩阵，使用 Varimax 法进行因子旋转后得到因子负荷矩阵（见表 6-6）。

表 6-6　因子负荷矩阵

旋转成分矩阵 α			
	成分		
	1	2	3
领导对科技人员的关怀	0.856		
工作成就感与自我实现	0.844		
领导员工沟通度	0.836		
薪金分配	0.806		
在工作中充分发挥个人能力	0.778		
部门冲突之间的协调	0.764		
工作外部环境		0.840	
工作氛围		0.814	
工作时间的自由度		0.782	
工作发展宽松度		0.669	

续表

旋转成分矩阵 α		
与同事之间的关系	0.659	
进修培训机会		0.924
晋升机会		0.911
工作兴趣契合度		0.903
工作负担		0.893

提取方法：主成分。

旋转法：具有 Kaiser 标准化的正交旋转法。

a. 旋转在 5 次迭代后收敛。

表6-6中旋转因子载荷矩阵中领导对科技人员的关怀、工作成就感与自我实现、领导员工沟通度、薪金分配、在工作中充分发挥个人的能力和部门冲突之间的协调这6个因素与第一公因子相关程度较高，工作外部环境、工作氛围、工作发展宽松度、与同事之间的关系与第二公因子相关程度较高，工作兴趣契合度、进修培训机会、晋升机会和工作负担与第三公因子相关程度较高、从内容分析为三个公因子取名：员工认知、工作环境、发展空间。通过解释的总方差中各因子方差贡献率来计算各个因子的权重，计算结果见表6-7。

表6-7　因子权重

因子	方差贡献率	权重
员工认知因素	59.961	0.75
工作环境因素	11.794	0.15
发展空间因素	7.288	0.09

6.2.3　科技人力资本感知建议

6.2.3.1　科技人力资本满意度介于一般到基本满意间

调查数据分析得，浙江高新区科技人力资本满意度整体综合水平为5.57，即介于一般到基本满意之间。分项综合水平，员工认知满意度为5.57，工作环境满意度为 5.54，发展空间满意度为 4.95。整体来说，样本高新区科技人力资本满意度水平略低于基本满意水平但未落于不满之列，在保持中立态度之上，说明目前浙江高新区科技人力资本的工作虽不会受到抵触及负面情绪影响，但工作积极性及进取性热情不高，需要浙江高新区管委会、科协组织及科技企业采取有效措施改善工作内外环境、提供可行的未来职业规划及拓宽个人发展空间，提升满意度。

6.2.3.2　员工认知权重最大

从表 6-7 中我们可以看出第一因子员工认知因素的权重很大，说明人力资本感知的影响因素主要取决于第一因子；其次是工作环境，最后为发展空间。通过因子分析提取的主成分元素得：领导对科技人员的关怀、工作成就感与自我实现、领导与员工沟通度、薪金分配、在工作中充分发挥个人的能力和部门冲突之间的协调归为员工认知第一主成分。从内容看，主要包括管理层与科研层的协调沟通、科研人员工作本身与能力匹配及能力发挥和科研人员对报酬分配制度感知三方面，之所以员工认知权重高于发展空间、工作回报等，与科技人力资本所有者这一群体的特质、思维定式、工作性质休戚相关。科技人力资本所有者多从事科研一线工作，主要精力集中在高新技术、方法的研究上，较之升迁、待遇等，更注重交流畅通性、自我价值性和公平对待性的个人认知。

6.3　高新区科技人力资本流动生态拟合度

6.3.1　科技人力资本流动研究

姚蓉、严良（2003）认为，我国科技人才流动的原因是发展空间（个体成长、工作自主、业务成就、金钱财富）、自我价值的实现和宏观政策等，未来科技人才的流动分为国外、国内两种趋势。从国外角度看，我国 GDP 不断增长，经济发展方式由劳动密集型向技术、资本密集型转移，第三产业在国民经济中占有份额增加，优惠的人才政策导向等因素必然导致海外人员大量回归祖国；从国内角度看，科技人才将会出现东南和西部、中部的双向流动。郑文力（2005）引入物理学的势差理论，搭建了科技人才流动的"顺流""逆流""循环回流""主动"与"被动"模式，并构建了科技人才流动制度保障平台。韩伯棠等（2005）研究了高新区科技人才流动现象，建立基于知识溢出的科技人才流动模型，提出应该构建区域技术创新体系。胡瑞卿（2006）在评价科技人才流动时运用综合指数评价法，同时在确定指标权数时采用层次分析法。王威（2006）认为我国地区间科技人才稀缺与闲置现象共存是由于收入及环境条件的限制，建议采用地区间收入差距矫正税进行治理。张晓玲、王宇红（2007）认为法律制度创新对我国科技人才资源合理配置和科技人才流动推动起着至关重要的作用。叶晨炫、张元标（2009）采用粗糙集理论的评价方法对科技人才流动绩效进行评价，得出科技人才流动增长率与科技人才产出、国民可支配收入、资本及其优化配置具有正相关关系。

通过上述学者研究成果可知：科技人才流动对社会资源的配置、社会经济发展、区域经济的平衡等都具有举足轻重的作用，而科技人才的流动事实上就是其承载的人力资本的流动。人力资本流动是人力资本合理配置、人力资本快速转化为生产力的前提与基础，高新区作为科技人力资本聚集地，人力资本存量丰富，而关键的问题就在于人力资本的科学配置与作用的发挥，因此，人力资本的流动对于高新区科技人力资本梯队建设来说就显得尤为重要。必须保证人力资本的合理流动，保证科技人力资本梯队在健康良性水平上的流动率，这样高新区的科技人力资本存量才能具有活力，才能保持较强的科技竞争力。高于良性水平的流动率，造成了人力资本投资周期增加、重复培训成本增加、研发团队协作不稳定性增加、专有技术外泄风险加剧、高新区科技人力资本流失和浪费，既不利于科技人力资本个体成长，也不利于高新企业成长。

6.3.2 科技人力资本流动状况

高新区科技人力资本所有者的年龄构成如下：29岁及以下占52%，30~39岁占30%，40~49岁占12%，50~59岁占4%，60岁及以上占2%。可见，29岁及以下超过一半，30~39岁占将近1/3，两者合计来看，39岁以下超过80%，即高新区科技人力资本年龄结构趋于年轻化，科技人力资本待开发、待激励的潜力空间很大，说明我国高新区人力资本存量丰富，我国中央及地方相关机构若能给予适当的人才政策，必能带来良性健康的科技人力资本流动，促进科技人力资本技术交流及其综合素质的快速提高，同时避免科技人力资本的浪费和恶性人力资本流动。

高新区科技人才最近三年变动过工作单位的比例：29岁及以下变动工作者占29岁以下总体的27%，30~39岁占相应年龄段的24%，40~49岁占相应年龄段的23%，50~59岁占相应年龄段的11%，60岁以上占相应年龄段的23%。若从样本总体统计量可得，高新区科技人力资本承载体——科技人才中1/4的人曾经在近三年内变动过工作单位。数据比例中，高于总体样本流动率的为29岁以下的科技人才占27%，而低于总体样本流动率的为50~59岁的仅占11%。因此，我国被调查高新区科技人力资本流动率偏高，需要引起高新区政府及高新企业领导的高度重视，及时采取适当措施降低人力资本流动率，保证科技人力资本健康良性地流动。

根据人力资本自身的特点，结合科技人力资本承载体主观能动的工作需求，针对高新区科技人才职业流动的内、外因素，列出八点因素如表6-8所示。横向数据比较，高新区科技人才变动工作主要原因中排前三位的是：个人发展机会、单位发展前景和薪酬福利。纵向数据比较，人际关系、薪酬福利与年龄结构没有相关关系：前者验证了科技人才队伍的特性，较之人脉和社交，更注重工作科研本身；后者验证了科技人力资本承载体作为社会人的共性，薪酬福利是人满足基本需求的物质保障和精神层面的公平性的要求。科技人力资本的年龄结构与单位发展前景、领导重视程度、高新区外部环境、个人发展机会、学习培训机会有相关关系，其中前三个因素随着年龄的逐年增加而呈严格递增关系，39岁以下人群特征相近，40~59岁人群特征相近，60岁及以上，由于我国退休政策等原因，表现略有不同；后两者中个人发展机会随年龄增加呈严格递减关系，学习培训机会随年龄增加呈总体递减趋势，在50~59岁年龄层有起伏现象。

表 6-8　人才变动影响因素

	单位发展前景	个人发展机会	学习培训机会	领导重视程度	人际关系	薪酬福利	高新区外部环境	其他
60 岁及以上	21%	21%	5%	19%	2%	21%	7%	2%
50~59 岁	31%	22%	10%	11%	2%	20%	4%	0%
40~49 岁	29%	26%	6%	10%	2%	21%	2%	3%
30~39 岁	25%	30%	10%	7%	2%	23%	1%	0%
29 岁及以下	22%	33%	11%	6%	2%	23%	1%	1%
均值	24%	31%	10%	7%	2%	23%	1%	1%

6.3.3　科技人力资本流动模型

生态系统是指一定空间内生物和非生物的成分，通过物质循环、能量流动和信息传递而形成的一个生态学功能单位。生态系统中的生态位理论在自然界生态学中已经发展多年，其理论已经趋于完善，很多学者将其引入社会生态系统中，其研究也具有普遍适用性和较高的应用价值。在高新区科技生态学中，科技人力资本承载体被视为生物个体，科技人力资本中具有某一特征的所有个体被视为生物种群，他们也都具有各自的生态位。科技人力资本生态位表现为具有科技人力资本的某种能力特征或者综合能力特征的承载体在社会生态系统中所处的位置及对各种资源选择和利用的能力，是科技人力资本承载体能动地和高新区及所在企业的环境中的物质与能量交换过程中所形成的生存力、竞争力和发展力。同时，根据马斯洛需求层次模型，人的需求分为五个层次：生理需求、安全需求、尊重需求、社交需求和自我实现需求，当人们在一个工作岗位能够在其预想并能够达到的需求条件下，相对空间生态位的稳定程度会上升。

一个科技人力资本所有者生态位包括他的空间生态位及环境、资源等提供的满足自我需求的营养生态位（功能生态位）。另外根据科技人力资本所有者的社会定位与自我定位，可以将其生态位分为现实生态位、潜在生态位和理想生态位。现实生态位是指社会生态系统暂时结合科技人力资本的专业特点、显性能力及社会需求分配的可获取性资源和生存空间；潜在生态位是指科技人力资本隐性能力及未来成长过程中可能拥有的资源和生存空间；理想生态位是指科技人力资本所有者自我能力认知及自我高度追求定位中应获得的资源和生存空间。

　　根据我国高新区科技人力资本年龄结构特点，用一个金字塔来表示不同年龄结构的大致分布比例，并将年龄结构划分为五个等级，见图 6.2。左侧的金字塔引自马斯洛需求层次模型的五个需求等级。用实线箭头表示现实生态位，点加线箭头表示潜在生态位，虚线箭头表示理想生态位。不同年龄结构的科技人力资本所有者个体通过内因及外因的共同作用下生成一个生态位。

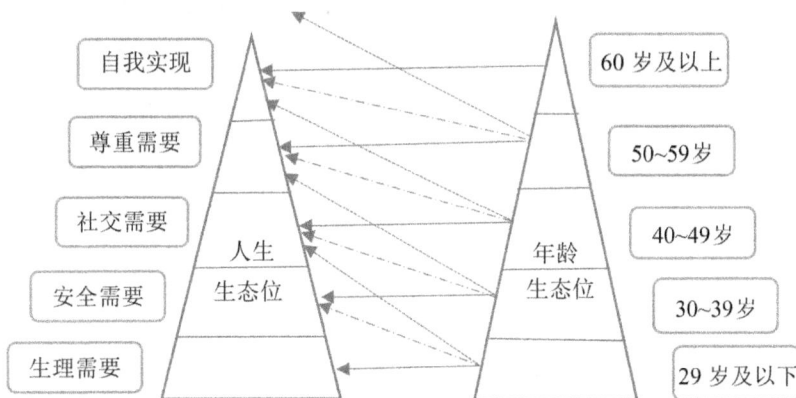

图 6.2　基于年龄结构的生态位流动模型

注：◀━━━表示现实生态位，◀┅┅表示理想生态位，◀━·━表示潜在生态位。

　　现实生态位是科技人力资本所有者生存和发展的基石，每一个年龄结构的科技人力资本所有者的需求层次是作为社会人正常轨迹的满足和自身能力、经验累计贡献率的表现。随着科技人力资本所有者的个体成长，固有的现实生态位、逐渐显现的潜在生态位和认知的理想生态位必然将发生错位和偏离。达到一定程度，如果高新区人才政策实施不当加上高新区企业不能对科技人才进行及时调整，重新找到三者的平衡点，科技人力资本所有者就会产生高新区区域间流动和区域外流动（流失）现象。

　　总之，科技人力资本所有者的区域内合理流动有助于相关行业技术的交流和信息的有效传递，也能促进科技人力资本所有者的心智成熟和科技人力资本存量的快速增长。然而，科技人力资本流动率过高，又不利于科技企业自主技术的研发，科技人力资本投资的重复培训造成了时间、成本的浪费，同时不利于专有技术的维护和更新。导致科技人力资本的流动和流失的最主要的原因就是现实生态位、潜在生态位和理想生态位的严重错位，不能满足人力资本所有者的层次需求，使营养生态位和空间生态位失衡。

6.3.4 科技人力资本流动建议

6.3.4.1 调整生态位高错位、低起点的现状

科技人力资本所有者看重自身的成长和发展，这使科技人力资本所有者容易流向能更好地发挥自身潜能、实现自身人生价值的企业。高新区科技人力资本低于 39 岁的超过 80%，他们正处于潜在生态位和理想生态位高错位及现实生态位的低起点。高新区政府及高新企业应协调个人、组织和社会目标，为年轻科技人力资本所有者提供更多个人发展机会，做好科技人力资本所有者自身职业发展规划。

6.3.4.2 搭建理想生态位的环境平台

科技人力资本具有很强的更新性和累积效应，在易变和不完全确定的系统中从事研发工作，重复规律性和可控程度偏低。因此，科技人力资本所有者偏好自主的工作环境，在信息交流通畅和实验设备完善的条件下更强调工作中的自我引导，对具有多年研发经验并主持项目的带头人来说更为突出。技术带头人一般年龄在 40 岁以上，属于高端人才，其现实生态位、潜在生态位渐趋于理想生态位，需求层次高，对生态位所处的生态系统大环境要求严格。为了吸引和留住高端科技人才，必须进一步完善高新区科研环境，同时联合高新企业共同打造高水平的技术平台。

6.3.4.3 铺设潜在生态位的跃迁路径

科技人力资本较一般人力资本具有专、精的特点，拥有较高的学历和专业技术的能力素养，并且为了科研工作的需要和跟上相关知识更新速度，他们都处在边工作边学习，不断地充实和完善自己的状态，科技人力资本也随着所有者年

龄、经历、经验的丰富而不断增加存量。结合调查统计数据，39 岁以下及 50~59 岁的科技人力资本潜在生态位跃迁活动积极，分别处于潜在生态位的一次跃迁和二次跃迁阶段，这两个年龄段的科技人力资本能动性较强，更希望获得学习培训机会。因此，高新区政府和高新企业应尽可能多地提供学习培训机会，同时关注 39 岁以下和 50~59 岁科技人力资本所有者的培训需求。

6.3.4.4 打造心理定位的最优生态位

科技人力资本所有者专注工作本身，社交、公关意识普遍较弱，当物质条件能够适度保障生理需求和安全需求时，现实生态位随着潜在生态位和理想生态位的落差平衡后会定位在一个最优生态位上。这个最优生态位对精神层面激励的敏感程度要大于物质层面的激励，需要一种心理上的受重视程度的满足，这一现象在 40 岁以上科技人力资本所有者中较为突出。因此，高新区政府和高新企业应提高对科技人力资本所有者的重视程度，组织高端科技人才座谈，通过科协组织等机构及时反馈他们的意见和建议。

6.3.4.5 维系现实生态位的公平性薪酬

科技人力资本所有者一般有较高的个人素质和较成熟的个人理念，对金钱方面的物质激励要求不是很在意。然而，作为"社会人"和"理性人"，物质激励并不能起到重要影响，但从心理契约的公平性角度则具有不可忽视的作用。当潜在心理预期回报率在现实生态位和理想生态位间的差距超过了科技人才个体本身的承受力时，该区域或所辖企业的薪酬福利对吸引人才、留住人才、发展人才的作用就会失效，科技人力资本的流动甚至流失现象就会发生。因此，高新区政府及高新企业制定区域内外、企业内外公平合理的工资薪酬、福利待遇体系也是维系现实生态位，缩小现实生态位和理想生态位差距的手段之一。

7

浙江高新区人力资本生态拟合度提升路径

7.1　提高人力资本的存量水平

7.1.1　调整投资结构，提高创新型人力资本存量

创新人力资本是技术进步的发动者，它具有社会稀缺的创新能力。创新人力资本既是人力资本，又是创新技术的载体与传媒，同时具有价值优越性、不可仿制性、难以替代性，所以，对于浙江高新区而言，创新人力资本是含金量最高、异质性最强的核心资本。对于这类人才的争夺，历来就没有地理界限，区与区之间、国与国之间从未间断。

浙江高新区需要借助多种渠道增加对创新人力资本的投入，使区内人力资本的素质结构整体上移，从而快速提高创新型人力资本的存量。首先，在区内现有创新人力资本存量基础上，进一步扩大浙江高新区人力资本在教育培训、科研开发、人力资本流动及医疗保健等四个方面的增量。其次，进一步优化创新人力资本投资结构。创新人力资本投资结构是指专业化人力资本投资中各组成部分的相互比例和技术经济联系（李巍，2013），优化人力资本投资结构的作用就在于提高其使用效率。浙江高新区可以适当调整人力资本投资各部分的比例结构，重点加大创新人力资本投资的比例，包括大量引进科技人才、直接引进国外先进技术、

增加科技研发投入比例、奖励个人创新发明、支持创新人才的柔性流动等，特别是对国内"两院"院士、学科带头人和国内外知名专家学者等高端人才，实施弹性经济政策，吸引和留住创新人力资本。

7.1.2 强化培训和"干中学"，提高一般性人力资本的存量

专业化的人力资本具有内在效应和外在效应，根据人力资本积累模型，浙江高新区一方面可以通过学校学习增加浙江高新区潜在人力资本存量，另一方面还可以通过短、平、快培训和"干中学"，即通过在岗工作，总结实践经验，从中感悟提升，迅速提高浙江高新区现实人力资本存量，这一途径尤其适用于一般型人力资本存量的提高。

按照人力资本金字塔形分布的特点，一般型人力资本仍然占据浙江高新区人力资本的绝大多数，而这类人力资本，技术含量并不是很高，可替代性较强，完全可以依靠企业自我培训，提高人力资本的质量。通常，从外部吸引优秀的人才可以快速提高浙江高新区人力资本存量，但实际上，在开放的劳动力卖方市场，优秀的人才就意味着身价更高，同时也更难留住，如果不是异质性很强的人力资本，"外引"显然是不太经济的做法。对于一般型人力资本，浙江高新区更多地选择以内部人才开发和利用为主要途径，通过多层次、多渠道的企业培训提高人力资本存量，如技能培训、工作轮换方式、引用职务设计技术等；同时，由于高新技术本身具有周期性短、时效性强、发展变化快等特点，企业必须对作为高新技术知识载体的人才进行及时的培训和开发，使他们的技术与知识的更新速度走在行业前列，以长期保持企业人力资本的质量优势，从而保证浙江高新区整体人力资本存量呈持续增长态势。

7.1.3 建立良好规范的投资与收益市场机制

市场在人力资源合理配置中发挥着越来越重要的作用，要充分利用市场机制开展人才测评、人事代理、人才租赁、市场洽谈、就业指导等多方面的人才需求服务工作。在市场经济条件下，人力资本投资主体要求以经济利益的形式对投资

给予回报；而且，人力资本投资不同于物质资本投资，其周期长、成本高、风险高、收益也高。为了调动各种人力资本投资主体的积极性，浙江高新区首先应当构建规范的人力资本投资成本—收益市场运行模式，采用契约形式，以投资数额和服务年限的规定为基本内容，使人力资本投资与收益机制能够在市场经济条件下有效运作；其次，浙江高新区必须按照"谁受益，谁投资"和"比较优势"的原则建立完善的人力资本风险投资机制。

7.2 改善人力资本结构配置

按照系统论的观点，系统的整体效率并不是单个个体效率的简单相加，如果系统中出现结构性的问题，势必会严重阻碍系统效率的正常发挥。因此，以优化人力资本结构为着力点，才能提高浙江高新区人力资本的结构效度。

7.2.1 建立多元主体的投资结构体系

浙江高新区人力资本的投资主体是由政府、企业、社会及个人共同组成的有机体，每个投资主体都是一个独立的投资系统。值得关注的是，民营资本投资的介入是浙江高新区人力资本投资不可忽视的重要主体，这种投资模式也成为许多国家的高技术人才培养的途径，比如印度班加罗尔在软件人才培养中就大量引入了民办和各类私营商业性软件人才培养机构。

为了正确引导各类投资主体进行科学的人力资本投资，浙江高新区必须加强对企业人力资源现状和需求情况的研究，及时掌握企业人才总量、结构和分布现状，把握企业人才需求的发展趋势，并对人才需求提供准确预测，为企业人力资源建设提出科学性指导意见。目前，浙江高新区已经着手建立开发区企业人才资源供需预测预警系统，监测开发区产业发展、就业环境变化和人力资源需求状况，及时收集企业人才需求信息，编制紧缺人才目录，建立开发区企业人才需求预测信息交流机制和定期发布制度，以及时解决浙江高新区人才需求中的各种问题。

7.2.2 建立金字塔形人力资本配置结构

人才是支撑浙江高新区可持续发展的先决条件。以大学、浙江高新区、研究院和高新企业为支撑，建立良好的人力资本配置结构，才能真正发挥浙江高新区人才资源的聚集效应，从根本上保证浙江高新区整体效能的最大化。基于对人力资本结构与创新集群绩效关系假设的分析研究，结果显示，金字塔形人力资本配置结构呈明显正相关，即一般人力资本始终为人力资本结构的主体部分。

对我国目前发展比较成熟的浙江高新区、北京中关村的实证分析研究表明，虽然高端的科技人员很大程度上促进了技术的引进、消化、吸收，也促进了技术收入和总收入的增加，但并不意味着高端人才的数量也要与其技术收入呈正相关。实践表明，一般性人力资本占据浙江高新区人力资本结构中的绝大部分。

事实上，金字塔形人力资本配置结构符合管理的层级结构和能级原理。一些发达国家和地区的科技园、高新区的实践经验也印证了这一结构的合理性。所以，我们可以借鉴和学习国外高科技园人才的引进与培养机制。比如美国硅谷的人才引进与培养机制，其具体做法可以概括为"外引内培"。美国硅谷地区的人才结构就是一个典型的金字塔形结构分布，其高端人才主要是靠引进，硅谷汇聚了40多位诺贝尔奖获得者、上千名美国工程院和科学院院士、几十万名工程师及许多著名企业家。其中高端人才绝大多数也是依靠当地国际著名大学的持续培养。日本筑波科学城的模式并不是典型意义上的金字塔形，而是近似于倒锥形，因为筑波科学城的定位主要是研发，周围地区智力资源缺乏，他们实施的是"内培内引"的封闭式的人才策略，但这种培养机制缺乏人才竞争，其负面影响已经影响整个科学城的发展潜力。澳大利亚高科技园区实施的是大学、科研机构双向支撑机制。在澳大利亚开发建设高科技园区的过程中，该区由悉尼大学、新南威尔士大学和悉尼理工大学3所著名大学共同创建，位于3所大学主校园之间的中心区域，是紧密依靠大学科研力量和设施的技术园区，日常管理由悉尼澳大利亚工业园有限公司负责。

与此同时，我们还需要按照浙江高新区的发展需求，分类、分层引进高端人才。在人才的结构层次需求上，应根据浙江高新区的发展阶段具体确定高端人才的目标定位。目前浙江高新区发展水平并不均衡，发达地区的高新区已经进入了"二次创业"阶段，而起步较晚的高新区的"一次创业"尚未完成，况且浙江高新区的集群发展的总体水平与发达国家相比也存在相当大的差距。将高端人才定位于世界顶尖级人才、杰出企业家是不现实的，而应该把目标锁定在领域内研发前沿和技术领先人才、知名企业高管、高层职业经理、引领传统工艺的高端人才，对拥有技术专利、技术创新成果的创新人才优先引进。据对北京中关村高新区五种不同层次学历人员的比例与总收入、工业总产值、新产品产值的相关性分析表明，硕士层次人员对经济产出的支撑度最强，博士及以上学历人员比例与经济产出呈显著负相关，针对这个发展水平，浙江高新区可以适当增加硕士层次的人员比例，有选择性地适度控制对博士及以上高学历人员的引进数量。

如果高端人才在人力资本结构分布中所占的比例过大，反而不利于其创新绩效的充分发挥。中关村科技园区管委会和北京大学网络经济研究中心联合进行的中关村科技园区校办企业的现状与问题研究就发现了类似的情形。据该调查显示，该区校办企业的平均资产超过 1.8 亿元，是其他科研院所所辖企业的 3 倍之多；而校办企业博士以上学历人员占 2.88%，高出其他企业 1.5 百分点以上；硕士学历占 10.73%，高出其他企业 4 百分点以上；校办企业的主营业务收入略低于科研院所企业，平均经营利润比其他企业低将近一半，上缴税收明显偏低，出口水平不到其他企业平均水平的 1/6；校办企业的科技活动支出和专利授权数均不突出，而技术收入和新产品收入平均水平均低于科研院所企业。很显然，科技园区校办企业虽然集中了大量高学历、高层次的人力资本，而这种倒金字塔形的人力资本结构分布并未产生显著的创新绩效。要想改变这种局面，一方面，要主动引导硕博士类高端人力资本向其他机构合理流动；另一方面，要进一步优化高新区的管理体制与机制，为高端人才科技创新的成果转化扫除各种瓶颈性制约因素。

此外，浙江高新区还要善于利用周围区域的高等教育人力资源和研究机构的研究性人力资源，与附近知名大学联合建立专业性、一般性人才培养的专门通道，保证有充足人才储备不断地、即时地向高新企业输送。美国硅谷地区的高端人才主要源于当地的斯坦福大学、加州大学伯克利分校等世界级著名大学，以这些重点大学为支撑，每年为其培养数以万计的高端创新人才，确保其占据世界电子信息产业绝对领先地位。

7.2.3 打造产、学、研一体化的高科技人才链

浙江高新区"二次创业"的显著特征是依靠中上游的"创新链"增值，而非低端"贸易链"和中下游"产业链"，在此阶段，仅仅依靠外部的研发成果，比如高校、研究机构的科研成果或者企业单打独斗的创新研发是远远不够的，必然要借助外部力量，建立产、学、研一体化的高科技人才链，通过内外沟通的政、产、学、研、商创新网络，推动集群网络化发展，才能实现产业结构升级发展目标。必要的情况下，还需要建立科技人才库。

譬如，硅谷的斯坦福大学和加州大学伯克利分校每年毕业 1600 名博士，为高科技公司提供了大量的一流工程师，它们还与 6 所社区大学一起，为中小公司提供持续的教育和培训，硅谷附近的旧金山有 1000 个美国科学院院士，这个巨大的高科技人才库，成为支撑硅谷科技不断创新的人力资本库。又如，在高校资源原本较为缺乏的深圳高新区，创造性地创建了深圳虚拟大学园，吸引了包括清华大学、北京大学、哈尔滨工业大学等在内的国内外共 48 个知名高校入驻。这些高校在深圳虚拟大学园开展人才培养工作、科技项目孵化和科技成果产业化工作，已初步形成"官、产、学、研、资、介"相结合的创新体系。

7.2.4 开辟创新型人才的绿色特区

知识、技术、人才三方面的聚集效应是浙江高新区最突出的特点。为了充分发挥高新区的创新优势，必须提供大量创新人才。为了给浙江高新区企业带来更大的效益，必须以"创新""以人为本"为导向着力引进创新人才，打造人才特区。具体实施策略有两个：

一是出台吸引高层次人才的政策措施和专门计划。设立人才专项资金，为高层次人才的引进培养提供资金支持；对世界一流的创新团队、海内外领军人才，分别给予扶持资金、风险投资资金、贷款贴息；在引进创新人才创业办公司、开

展技术开发、厂房租赁等方面给予政策支持，同时在高层次人才的科技项目申报、子女入学、配偶就业等方面给予配套政策支持。二是通过国际科技交流和产、学、研活动，创新引进国际优秀高层次科技人才的方式。在此方面，可以采取项目合作、聘请兼职、人才租赁、科技咨询等多种方式柔性引进海内外高级专家及其高精尖科研团队；还可以以技术咨询、顾问、专家租赁、短期服务等企业认可的方式引进专家或智力，帮助企业解决生产和技术方面的难题。

7.2.5 适应产业集群的演化发展，调整结构配置

依据配第 – 克拉克定律，随着国民人均收入的提高，劳动力首先会从第一产业向第二、第三产业转移，相应的，人力资本的产业配置也应当与一定时期产业发展要求和产业结构变动相一致。目前，发展较好的高新区正处在由"产业主导"向"创新突破"转变的"二次创业"的关键时期。作为全球价值链的一部分，浙江高新区现在进行的战略转型将着眼于全球价值链的结构调整，技术升级、产品升级、过程升级、功能升级成为高新产业集群、创新集群发展的新特征。产业集群的结构升级，如果没有与之相匹配的人力配置结构作为支撑，会导致浙江高新区的产业技术水平和人力资本存量下滑，劳动生产率下降，浙江高新区的综合效能必然会受到负面影响。因此，此阶段，必须以创新集群发展需求为基准调整配置高新区人力资本结构，进一步提高高新区人力资本效能。

7.2.5.1 大力发展网络化的知识中心和创新团队

创新集群是产业集群的升级或高端化，它是由供应商、客户和各种知识中心形成的链条，是集技工贸为一体的经济复合体，不是要素聚集的简单相加，而是发展要素的叠加，主体之间的关联、互动、竞合是创新体系的根本标志。所以，基于创新集群的发展需求，以知识为核心、以大学和科研院所等机构结网的知识中心为主要载体、以高新技术产品自主研发与制造为支柱、以创新服务业为支撑，才能实现浙江高新区人力资本科学配置。

浙江高新区应该以大学、科研机构为知识中心，稳步发展高新技术科研团队。在策略上，应当充分调动大学和科研机构内高素质创新人才的科研积极性，

提高实验室与实验设备的利用效率，建立良好的外部联系通道，在鼓励大学、科研机构研发创新的同时，引导其与企业和风险资本合作，从而形成技术转移的便捷通道。成立并支持技术转移机构，建立大学知识产权商业化机制以促进知识的高效传播和扩散；积极促进大学和科研机构参与创新集群的各种发展活动，结合所在集群发展对技术和人才的现实需求，将大学的课程设置、研究方向与集群的发展需求有机结合，通过创业指导、企业家能力教育、融资等有效方式支持大学教授、研究人员、学生进行科技创业活动。

7.2.5.2 适度增加现代服务业人才的结构比例

近年来，产业集群现象在服务业领域日趋突出，文化创意、金融服务、商务服务、物流服务等现代服务业集群在一些经济发达地区逐步发展壮大。服务业全球化的不断发展，使现代服务业已成为技术、知识密集型产业，占据着产业链、价值链和创新链的高端环节，服务业结构和业态巨大变化使世界产业组织出现新的形态：一是制造业和服务业出现产业融合互动和边界模糊的趋势，出现集工业设计、成套设备、工程总承包等服务和制造于一体的融合产业；二是服务外包贸易发展迅猛，服务业全球竞争格局基本形成，制造业的国际分工正由垂直分工发展到水平分工、网络分工。因此，在这种以服务经济为主导、服务化、国际化、高端化、融合化、生态化的高新科技园区，适当加大金融服务业、专业服务业、信息服务业、研发及科技服务业等人力资本的结构比例，不仅可以扫除高新技术产业发展中的诸多障碍，还能提高浙江高新区的利润和效率。

7.2.5.3 瞄准产业升级目标，重点配置专业技术类人力资本

随着新能源、新材料、生物医药、节能环保、电子信息、动漫游戏等新兴产业的日益壮大，以及新技术新发明不断用于改造提升汽车、钢铁、石化、装备等传统产业，新兴产业通过对传统产业的渗透、扩散来实现自身价值。而传统产业则通过嫁接新兴产业来改造和提升原有价值，一些传统技术、传统产业不断地被新兴技术、新兴产业所替代，从而使产业形态发生了重大变革。为了实现传统产业高端化、新兴产业高新化，浙江高新区应该有针对性地配置足够数量的专业技术类人力资本，以满足新产业、传统产业融合发展的需要。

7.3   积极引导人力资本的合理流动

7.3.1   建立规范的人才市场和制度环境

为了保证并促进浙江高新区有序并持续地发展，特别需要建立相应的制度以保障人力资本的合理流动。浙江高新区应根据现实条件，调整相关的人才政策，引导人才合理流动。比如，人才引进的经济政策、户籍管理、服务环境、保障制度等；根据开发区产业结构调整和技术升级的需要，制订和实施紧缺人才引进计划，做好人才引进工作，重点引进支柱产业、基础产业、新兴产业和重点项目所亟须的各类紧缺专业人才和高层次人才；通过实行人才"柔性流动"政策、人才引进"零门槛"准入制度等措施，完善有利于吸引人才的优惠配套政策；在落户安家、工资福利、生活补贴、社会保险、子女入学、家属就业等方面提供优惠，畅通人才引进的绿色通道。

7.3.2   发挥人力资本流动的场效应

人力资本的流动，不仅促进了劳动知识、技术及创新思维的流动，而且促进了高技术产业集群市场经济的发育和经济的增长。而伴随着知识流动、技术扩散，社会组织不断提高知识化水平，知识则在流动中不断发挥创新作用，从而使技术的应用不断产生新的经济效益，最终促进了高技术产业集群的发展。美国硅谷之所以能够形成高技术产业集群化发展的明显优势，很重要的一个原因就是它能使劳动力始终保持着良好的流动性（桂昭明、苏琴，2008）。

可见，人力资本的流动最直接的效益是优化了各类人才配置，实现人才结构合理均衡，提升了各类人才的整体质量，从而实现了浙江高新区人力资本效益的增值。浙江高新区的人才流动绝不只是区域人才资源数量的增加，更深远的意义是它创造了一个新的人才质量优势。浙江高新区人力资本的配置受到产业集群外磁场和企业内磁场的共同作用，因此，应该充分发挥浙江高新区产业集群外磁场和企业内磁场效应，促进浙江高新区人力资本的合理流动。

7.3.3 把握阶段性规律，推进高技术人才的国际流动

经济的全球化不仅导致了资金、技术的全球化，也同样带来了高技术人才在全球范围内流动数量的增加和流动速度的增快。而一定规模的高技术人才在国际流动，也可以形成流出和流入"双赢"的局面。高技术类人力资本的国际流动可以加速经济全球化进程，体现了人力资本全球范围内的优化配置；从国家的角度看，一定规模的高技术类人才的国际流动有利于追踪世界科技潮流，利用优越的条件传递前沿信息；从个人的角度看，人力资本的国际流动也有利于实现个人理想和自身价值。根据目前我国经济发展的水平和产业集群的发展阶段，中国正处在人才流动由国内向国外流动、少量回流转向国际国内双向流动的转变之中，浙江高新区应该以此为契机，有效促进高技术类的人力资本国际国内的双向流动。

增强高校高技术基地建设可以促进高技术人才国际国内的双向流动。高校不仅承担着培育高技术人才的任务，而且还承担着国家的大量科学研究任务。同时，高校拥有着良好的科研条件，可以吸引国内外高技术人才。浙江高新区可以建立"两个基地"，一方面为留学人员在国内形成、建立、落实一个基地；另一方面通过建立国外基地，使海外留学人员把国内和国外的研究工作有机结合起来，直接与国际接轨，有力促进国内相关领域的科研工作和科技人才培养（牛敏，2013）。

博士类人力资本是异质性特别强的高端人力资本，其流动可以带来高端资源的互补。博士教育及其科研贡献与国家、地区的经济发展之间是相互影响、共同促进的，由于其对整个国家乃至全社会的知识创造、科技应用与技术扩散具有极其重要的影响，因而博士学位获得者的国际流动也被看作是先进知识和先进技术在全球范围的良性流动，对于全人类的文明发展具有重要意义。因此，应该从国家层面上，把博士学位获得者这类高层次人才作为国家竞争力提升的战略资源并在全球范围内重新配置。

对浙江高新区的发展而言，培养和吸引更多具有国际背景的博士学位获得者就相当于抢先占领了某些高新技术领域的最前沿阵地。为此，除了从国家层面

上通过国家留学基金资助博士学位获得者去国外攻读博士学位外，浙江高新区还应该针对发达国家的"智力掠夺""人才本土化"战略，配套并完善一系列优惠政策和保障措施，以吸引并留住博士类高端人力资本。比如：改善博士科技人才的物质激励、职业发展和组织环境；授予外籍博士学位获得者在华永久居留权，并允许他们带家属一起生活；为在海外获得博士学位的留学生回国工作提供优厚的待遇。

但从我国目前的实际情形看，博士学位获得者的经济收益与其高成本投入并没有相应匹配。根据 2017 年中华英才网的《浙江大学 2016 届毕业生择业规律、起薪状况与职业适应调查报告》，对 2016 年该校毕业的 9000 多名本科和硕士毕业生，通过无记名的形式进行问卷调查，结果显示：学历越高，起薪也越高。受调查者中，本科毕业生平均起薪为 3726 元，研究生中，硕士生平均起薪为 6223 元，博士生平均起薪为 6765 元。本科毕业生与研究生起薪相差 2500 元左右，但硕士生和博士生的差距不是很明显。所以，浙江高新区应该把提高博士的经济收益水平作为吸引或留用博士人才的一个实施策略。

7.3.4   依托产业项目构筑人才高地

高技术人才是附加值较高的人力资本，作为一种能动的生产要素及资本，它会寻找"高地"。由于各浙江高新区产业集群发展的水平不同，产业结构不同，技术进步对区域的影响不同，经济机会不同，形成的市场不同，具有不同特征的人力资本自然向着不同方向流动，而那些拥有高技术的人才必定会流向技术与市场的"高地"，这就是人力资本流动的"高地"原理。

为有效引导浙江高新区之间人力资本的合理流动，减少流动的盲目性和资源浪费，可以以产业项目为先导，以浙江高新区的支柱性产业为主要方向，吸纳专业人才，推动浙江高新区之间人力资本的合理流动。浙江高新区可以以培育本地人才为主体，以产业发展为中心，有选择地、有目地地引入或输出人才，逐渐建成适应浙江高新区集群发展需要的人才市场高地、人才研发高地、人才创业高地和人才价值高地，避免出现"尽归我所有，至则无可用"的局面。

7.3.5　建立人才信用联盟

人力资本的流动能极大地促进浙江高新区的创新绩效,但在流动过程中,也会出现一些不规范的操作和人才诚信的问题,比如人员背景不清、履历不清、材料不齐、频繁跳槽、学历学位虚假等一系列问题,一旦企业与企业间缺乏真实、有效的信息沟通和传递路径,势必会给高新企业招人、选人、育人、留人带来较大风险。为了解除人才诚信问题的困扰,很有必要建立一套简单、有效的人才信用管理体系和人才流动机制,以降低企业的招聘成本,主动规避用人风险,提高企业人力资源的管理效益。

人才信用联盟可以肩负起园区人才信用体系建设的重任。为了顺利推动企业人力资源管理市场化、国际化,通过制定"联盟公约"、推动"推荐信"制度、建立"人才信用记录"标准化模板、高科技人才和高层管理人员信用管理及查询系统、倡导人才在联盟企业流动拥有优先录取权、引入第三方对人才进行信用评价和调查等工作方式,可以搭建起协会与企业、企业与企业、企业与员工间信用沟通交流的平台,营造"诚信为本"的人文环境和园区文化,为员工、为企业、为政府提供服务(王援农等,2005)。

7.3.6　完善人力资本激励机制

激励是人本管理的时代要求,在当今国际、国内竞争日趋激烈的背景下,效率成为组织追求的重要目标,特别是对于企业来说,效率就是利润的代名词。而提高效率必须通过对人的有效管理才能真正实现。对人的管理,最有效的策略就是激励。

激励更是浙江高新区企业创新发展特别强调之处。几乎所有的高新技术企业都是知识密集型组织,人力资本成为创新集群发展和产业升级的核心竞争力。由于人力资本是一种"活"的资本,是一种难以监督或监督成本很高的资本,其价值的发挥不能依靠压榨,只能依靠激励。人力资本的创新活动产生的边际收益递增程度取决于对其激励的适当性(王金凤,2005)。"活"的人力资本是可以到处流动的,而流动本身也会给企业带来风险,而适当的激励却能做到"人""术"俱留。激励也是人力资本个体的心理需求。人力资本是高投入、高智力、高难度、高风险、高技术载体，按照理性人的假设，追求丰厚的物质回报和丰富的精神享受是所有人力资本个体正常的心理需求。

因此，无论是对人力资本个体还是人力资本个体所处的浙江高新区，建立科学的激励机制都至关重要。激励是一种对应性很强、很复杂的活动，不同的人需求、动机不同，激励的方式方法就大相径庭，故而，浙江高新区人力资本激励机制研究，需从人的需要及人力资本的结构特点切入。

无论是哪种类型的人群，其激励的一般过程都存在相对一致性。马斯洛说过，激励理论应该是以人性而非兽性为本的，也就是说，激励的假定前提是人性本身是向善的，凡是激励都是符合人的正向目标的，激励的过程都是从个人的需要出发的。

我们可以将浙江高新区人力资本的众多的激励因素归纳为四种类型：长期激励因素、短期激励因素、物质激励因素、非物质激励因素，根据这四种类型，建立人力资本激励的全方位模型和激励评价指标体系。

建立浙江高新区人力资本激励机制的基本出发点有六个：要使现有的经营者安心工作；要使经营者承担一定的风险；要使经营者追求企业长期效益并加强长期盈利能力，尽量避免杀鸡取卵的短期行为；对有才能的经营者能产生强烈的吸引力；符合企业所有者的最大利益；尽量做到清晰、公开、量化、可兑现。

7.3.6.1 股权激励

由于人力资本产权本质上天然地归属于个人，人力资本产权有主观能动性、可交易性、可关闭性、可抵押性等特征，这意味着浙江高新区人力资本管理必须把人力资本的产权激励作为对人力资本投资者激励的首要制度安排，股权制则是实施人力资本产权激励的具体形式。

人力资本股权化实际上是专业型人力资本、创新型人力资本产权显性化的结果。股权化一方面通过股权这种最好的契约形式体现和保护了人力资本的产权，将人力资本的私人收益、风险、忠诚度与企业的长期业绩及事业发展融为一体，使人力资本的创新行为长期化；另一方面通过股权的动态变化，间接反映出人力资本的知识、能力、经验及精神等价值存量的变化。股权激励的方式包括现股激励、期股激励、期权激励。全球 500 强企业中，89% 的企业都实施了股票期权制度，对职业经理级的人力资本进行激励，而对于那些专业性较强的技术人员，可以通过技术干股、分红股等技术股权制进行激励。

7.3.6.2 年薪制激励

人力资本的投资具有投资性与消费性并存的特点，投资的本质是要取得经济的回报，收回成本并有所增值，而消费的目的在于保持良好的健康状况，使自身得到物质或精神上的愉悦。如果把长期性物质激励效果形象地比喻成"望梅止渴"的话，那么短期性的物质激励更能使人产生满足感、安全感和幸福感。年薪制就是短期性的物质激励中效果最明显的一种。

通常，年薪制是以年度为单位，依据企业的生产经营规模和经营业绩，确定并支付给企业人力资本个体年薪的分配方式。相比股权制，年薪制是一种适用面更广、见效更快的短期性物质激励。浙江高新区三种不同的人力资本都可以采用年薪制。在年薪制中，人力资本报酬＝工资＋风险收益，人力资本具有参与分配的特权，所以，年薪制是短期性物质激励中效果最明显的一种（戚洪亮，2006）。

7.3.6.3 声誉及地位激励机制

把浙江高新区三种类型的人力资本进行进一步划分，专业型人力资本和创新型人力资本都可以归类为知识型的人力资本。这类人才专业技能强，个人素质高，学习能力强，创新能力旺盛，执着于对知识的探索和对真理的追求而蔑视权威，因此，心理期望高，注重自我实现，自主性强，渴望获得认可与尊重，工作过程复杂而难以监控评估，并且流动性高，对企业忠诚度低。这类人力资本的需要已经上升至尊重和自我实现的高度。

国内外专家学者对知识型员工激励因素的研究结果表明，与其他类型的员工相比，知识型员工注重的前四个因素依次为个体成长、工作自主、业务成就和金钱财富（蒋春燕、赵曙明，2001）。知识型员工更加重视自我的成长性、自主性和成就感，金钱的边际价值已经退居相对次要地位。可见，金钱不一定是第一位的激励因素，或者说有限增加薪酬不足以产生激励。特别是当员工觉得薪酬的评价与计量体系本身存在不合理、不科学的设计，强烈的不公平感可能还会导致负激励。在现实环境中，金钱仍是很重要的激励因素之一。

针对浙江高新区人力资本需要层次上移的特点，企业在设计长期性物质激励方案的同时，必须考虑长期性非物质激励，声誉及地位激励就属于这种类型。声誉即声望名誉，它是一种外部的荣誉，是为社会做贡献并获得社会承认的标志；地位即一个人在社会中的职务、职位及由此显示出的重要程度。声誉及地位都属于人的社会需要，如果用马斯洛的需要理论来定位，人们对声誉与地位的向往与追求可以满足多种层次的需要：社交的需要、尊重的需要、自我实现的需要。

相比股权和薪酬激励，声誉及地位激励只是一种隐性的激励，但能收到比物质激励更持久的激励效果。在高新企业中，职业美誉激励、参政议政激励、系列荣誉激励都属于此类。此类激励，最能体现人力资本的公共价值、诚信度和被认同感，同时也能给予个体莫大的被信任感、被尊重感和快乐感，对于创新企业来说，良好的声誉与地位激励机制不仅能使人力资本在职业生涯内不断增值，还能使人力资本获得稳定的远期收益。在许多长期性非物质激励手段中，应最推崇声誉与地位激励。

建立声誉及地位激励机制，首先得保证人力资本有长远的预期，以避免人力资本短期的"机会主义"，追求短期利益最大化。其次是建立充分竞争的人力资本市场，确保人力资本个体声誉信息的准确性和开放性，通过规划的市场运作帮助人力资本个体实现其自身价值并获得长期的收益。最后是分层次分类别建立企业荣誉体系，改变传统以单一性综合评价为主的荣誉评价体系，建立多维的、立体的荣誉评价体系。

7.3.6.4 培训与晋升激励

培训给受训员工带来的收益是多方面的。譬如培训给员工带来个人知识和能力的增长、工资的增加、职位的晋升，也包括对受训者适应性、竞争性、职业安全感的增强。对于高新企业人力资本而言，其意义更加深远。因为人力资本本身就是以知识与技能为要素参与生产活动，知识更新特别快，一旦知识老化或被替代，那也就意味着原有的人力资本的价值会受到威胁，所以必须持久地培训学习才能保证其具有永不衰退的创新能力。为了维持相对稳定的工作状态、获得职业安全感或者占据领域内更有利的竞争高地，经营者本来就需要自我学习、主动培训，而企业把特殊培训纳入人力资本投入系列，即由企业投资于个人的培训与学习，符合经济性法则。现实中，在培训中受益最大的还是个体，参加一项专门的培训，对于那些不畏竞争、敢于创新的高层次人力资本个体而言，这为他们提供了最好的训练和发展的资源，提供了个人的专业成长机会，而企业在收获人力资本的创造价值的同时，很容易获得了来自人力资本承载者内部的难得的心理契约。所以说，培训是最好的激励。

晋升是指员工由较低层级职位上升到较高层级职位的过程。对于高新企业而言，在企业内部按照专业设定许多职系、职位，并形成层级系列，为员工提供向上发展的机会和空间。日本著名企业家稻山嘉宽曾说："工作的报酬就是工作本身"，而晋升使原本单调枯燥的工作变成一个可以攀登的阶梯，员工可以在不同的层次、不同的领域充分发挥自己的自主性和创造才能，获得自我实现，这本身就是最好的激励。

高新企业可以根据实际情况制定一套切实可行的职业发展体系，强化人力资本教育培训，设计科学的岗位竞争制度，建立完善的培训与晋升机制。

7.3.6.5 创新文化激励

文化的典型特征就是其弥漫性、渗透性、持久性，文化的最高价值在于教化，文化的最大影响力在于不教之教。组织文化虽然游离于人力资本激励指标体系之外，但其突出的激励功效，无论是对个体还是对群体来说都不可忽视，于浙江高新区人力资本而言，也是意义非凡的。

良好的组织文化，倡导积极的精神状态、价值观念和行为方式，并在潜意识层面改变和塑造人的认知、思维、态度、情感和意志等心理品质，是创造性活动产生和发展的必要环境；有着良好组织文化的组织，可以使经营者始终保持正确的方向和适当的管理强度，这样的组织环境也有利于创新成果不断出现；宽松、文明的文化环境和轻松、愉快、和谐的心理氛围，令员工没有思想包袱，思维活跃、自信、坚强，也更容易做出贡献。

可见，从物质环境到精神环境，从工作氛围到生活空间，组织文化无处不在。高新企业可以从优化社区环境、改善工作环境、文化多元化、管理文化人性化、工作丰富化等不同方面努力，精心设计，倾力打造，充分利用文化这种"黏合剂"的作用，使各种人力资本凝聚起来形成"命运共同体"，从而使高新企业保持强大的竞争力和长久不衰的创造动力。

8

结论与展望

8.1 研究成果

本书研究的是高新区科技人力资本生态拟合度，有三个关键部分，即：特殊地区——高新技术产业开发区，简称"高新区"；特殊对象——从事科技相关工作的人员能力和素质的综合；特殊方法——采用生态学计测生态系统生物种群及单体的生态位适宜度与生态位构建的理论模型。本书通过严谨的立题、明确的方法雏形、合理的对象样本及高质量的调查数据，在交叉学科的人类生态学和纯粹生态学理论方法的基础上，结合国内外高新区特点的比较研究和浙江高新区科技人力资本特征的分析，建立了一系列较为适合浙江高新区科技人力资本观察、研究和决策的模型，并通过实证进行生态拟合度研究，最后得出以下几条结论。

8.1.1 浙江高新区科技人力资本现实生态位

年龄结构生态位中，年龄小于等于29岁的科技人力资本在浙江高新区生态系统中占据最宽的生态位，年龄在30~39岁的次之，年龄在40~49岁的排第三，年龄高于50岁的科技人力资本则占据较少的生态位，说明年龄结构处于年轻化的科技人力资本投资效率更高，投资收益更大，投资可回收期及投资回收周期都较短，相对风险较小。另外，不同浙江高新区之间年龄结构生态位由于自身特点的相对结构比例的完整性，年龄机构生态位差异性较小。

学历结构生态位中，本科种群生态位占据人力资本生态系统的最优位置，居于第二位的是硕士与大专学历，博士和其他学历的生态位势很弱。浙江高新区科技人力资本学历结构生态位的态势说明浙江高新区的建设处于起步阶段，园区内的高新企业属于"产—中—研"模式，本科学历更适合当前的浙江高新区的产业发展节奏。

技能结构生态位中，无职称和初级职称生态位位势较优，无职称种群生态位居首，其次为初级职称种群，再次是中级职称种群，最后是副高级职称和正高级职称种群。浙江高新区科技人力资本技能结构生态位的态势说明浙江高新区比较年轻化，建设时间不长，园区科技孵化作用不明显和科技转化为生产力的效率不高，园区仍然以高科技生产为主线，对一线科研人力资本的投入不足。

8.1.2　浙江高新区科技人力资本多样性

年龄结构多样性指数——PIE（学历）、PIE（专业）、PIE（技能）说明浙江高新区高等教育随着社会经济的发展开始扩充专业范围，同时根据人力资本市场的需要进行多元化、实用化的专业的探索和开设，从高新区科技人力资本年龄结构和专业存量来看，多样性主要集中在 49 岁以下的中青年。

学历结构多样性指数——PIE（年龄）、PIE（专业）、PIE（技能）说明取得硕士学历的科技人力资本的年龄层次较多，硕士学历的年龄覆盖率较广；浙江高新区科技人力资本本科学历的专业面较窄，本科、硕士学历毕业到高新区发展的科技人力资本工作岗位与专业较为对口；随学历结构层升高，技能多样性略有上升；大专的技能多样性较小，一方面学历层次低使其技术专业背景范围较窄，大专院校对科技人力资本投资主要基于市场需求设置专业，专业技能更倾向于以操作性、应用性为主，研究开发性较弱，大专投资人力资本存量适应于就业需求量大的技术生产型岗位。

技能结构多样性指数——PIE（年龄）、PIE（专业）、PIE（学历）说明技能等级、工作经验等与工作年限是分不开的，浙江高新区科技人力资本的技能水平与年龄多样性呈正相关关系，无职称科技人力资本的年龄比较集中且偏年轻化，因此，其年龄多样性较小；在技能结构层上专业多样性指数没有显著差异性；初级职称的学历多样性较小，从初级职称的学历分布来看，本科学历具有相对优势，导致初级职称的学历多样性主要表现为本科学历特征，多样性指数偏低。

8.1.3 浙江高新区科技人力资本均匀度

年龄结构均匀度指数——J_s（学历）、J_s（专业）、J_s（技能）说明在不同年龄结构中学历均匀度最小的是 29 岁及以下，主要是因为这个年龄层次的学历集中度大，学历以本科生态位最佳，大专和硕士在年龄层次生态位相差不大；年龄在50 岁以上的科技人力资本集中于工学专业，超过 50 岁的科技人力资本的专业均匀度较小，但专业集中优势度较为突出；小于等于 29 岁的科技人力资本需要追加在职培训和交流学习的投资，加强年龄结构年轻化群落的科技人力资本存量；大于等于 60 岁的科技人力资本群落技能水平偏向副高级职称种群，此年龄结构的科技人力资本存量丰富，可以充分有效利用存量丰富度，结合种群优势互补，通常可以使小于等于 29 岁和大于等于 60 岁的科技人力资本互通互融，采用团队导师制进行科技人力资本存量增加的模式。

学历结构均匀度指数——J_s（年龄）、J_s（专业）、J_s（技能）说明高新区科技人力资本体现目前的职前教育的年龄基本属于国家正规本科和硕士培养渠道毕业的科技人力资本所有者的特质；大专学历在专业上的聚集优势较弱，随高新产业形势的广度而延伸，专业集中强度较小，相比之下，本硕博学历的专业 Simpson的均匀度指数较小，专业上主要集中于工学和理学专业，这正符合了高新企业的核心岗位研发需求；学历和技能的正相关关系，大专学历技能 Simpson 的均匀度指数最小，但大专学历的技能聚集效应为无职称技能的集中，属于低层技能的集聚，对科技人力资本存量增加所起的作用不大。

技能结构均匀度指数——J_s（年龄）、J_s（专业）、J_s（学历）说明随着技能结构升高，年龄均匀度指数也随其增大，职称越高，这种年龄相对数量的聚集越不明显；专业随技能结构变化而变化的幅度较小，影响不大；技能结构的学历分布较为均匀，可以在技能方面着重对本科学历的科技人力资本进行投资和增加其存量。

8.1.4　浙江高新区科技人力资本优势度

C（年龄—专业）居于前三位的高新区是宁波、嘉兴和杭州；C（年龄—学历）居于前四位的是萧山、宁波、嘉兴和杭州；C（年龄—技能）居于前三位的是宁波、嘉兴和杭州。

C（年龄—专业）、C（年龄—学历）、C（年龄—技能）三线比较图说明，衢州、温州高新区的专业、学历和技能的年龄结构优势度均较低。高新科技的先进性受到产业结构的影响，年龄结构在专业、学历和技能功能单元上由于分布均匀度较高，集聚优势相对较差。

C（年龄—专业）、C（年龄—学历）、C（年龄—技能）三线比较图的趋势说明，在年龄结构对专业、学历和技能功能单元的影响方向相同，年龄是科技人力资本的客观属性，专业、学历和技能是科技人力资本客观与主观共同作用并受能动影响的属性；浙江高新区生态系统的群落结构和功能彼此互补，这也印证了群落结构和功能可相互转换。

8.1.5　高新区科技人力资本创新场

能动创新场、阻碍创新场和激励创新场不单彼此之间相互作用，且与科技人力资本之间也具有作用效力，它们也与外系统进行能量、物质和信息的交换，这种输入、输出的过程可能使某个创新场场强得到增强，也可能使其削弱。

能动创新场对科技人力资本创新存量增加起到积极促进作用，同时，科技人力资本结构又能反作用于能动创新场。合理的结构配置可以增强能动创新场的场强，反之，则弱化能动创新场场强。阻碍创新场偏重于硬件环境，而激励创新场则更倾向于软件环境。阻碍创新场降低科技人力资本在科技创新方面存量的增速，甚至导致科技人力资本科技创新方面存量流失；激励创新场则能够加快科技人力资本的科技创新方面存量的增加。

能动创新场与阻碍创新场之间是彼此削弱的关系，能动创新场与激励创新场之间是彼此增强的关系，阻碍创新场与激励创新场之间是彼此削弱的关系。

8.1.6 浙江高新区科技人力资本生态位移动

科技人力资本所有者看重自身的成长和发展，而高新区科技人力资本低于39 岁的超过 80%，他们正处于潜在生态位和理想生态位高错位、现实生态位低起点阶段。浙江高新区政府及高新企业应协调个人、组织和社会目标，倾向提供年轻科技人力资本所有者以更多个人发展机会，做好科技人力资本自身职业发展规划。

科技人力资本具有很强的更新性和累积效应，在易变和不完全确定的系统中从事研发工作，重复规律性和可控程度偏低。技术带头人一般年龄在 40 岁以上，属于高端人才，其现实生态位、潜在生态位渐趋于理想生态位，需求层次高，对生态位所处的生态系统大环境要求严格。

科技人力资本较一般人力资本具有专精特点，39 岁以下和 50~59 岁的科技人力资本潜在生态位跃迁活动积极，分别是潜在生态位的一次跃迁和二次跃迁阶段，这两个年龄段的科技人力资本能动性较强，更希望获得学习培训机会。

科技人力资本所有者专注工作本身，社交、公关意识普遍较淡，当物质条件能够适度保障生理需求和安全需求时，现实生态位随着潜在生态位和理想生态位的落差平衡后会定位在一个最优生态位上。这个最优生态位对精神层面激励的敏感程度要大于对物质层面的激励的敏感程度，需要心理上的受重视的满足感，这一现象在 40 岁以上科技人力资本所有者中表现得较为突出。

科技人力资本所有者作为"社会人"和"理性人"，物质激励并不能起到重要影响，但从心理契约的公平性角度则具有不可忽视的作用。调整潜在心理预期回报率在现实生态位和理想生态位间的合理差距，以免超过了科技人才个体本身的承受力，造成科技人力资本的不正常流动甚至流失。

8.1.7 浙江高新区科技人力资本生态位拟合提升路径

科技人力资本最初的现实生态位是其自适应性与其所在高新区生态系统自然选择的作用结果，这种现实生态位一旦确定，其进化惯量将会随着科技人力资本本身适应性的惰性和高新区生态系统的变化性的惰性而逐渐升高。进化惯量越大，说明现实生态位对其理想生态位的贴近度就越高，改变现实生态位的动力就相对越小。科技人力资本现实生态位会根据高新区生态系统和国家政策及市场经济方向做学习性调整，以向最适合的生态位移动。这种移动的幅度是受科技人力资本存量和浙江高新区生态系统的基础设施、产业结构、科技水平等影响的。

高新区科技人力资本增量的进化惯量可以在一定方面反映科技人力资本存量的横向发展趋势，进化惯量越大，说明现实生态位的跃迁越困难，维持原有生态位的惯性越大；反之，进化动量越大，说明受到某种外界力量推动时将越容易促使现实生态位的跃迁。在进化惯量上居前三位的依次为绍兴、萧山和杭州高新区（滨江），在进化动量上居前三位依次为衢州、温州和莫干山高新区。具体的对策有调整投资结构，提高创新型人力资本存量，强化培训和"干中学"，提高一般性人力资本的存量，打造产、学、研一体化的高科技人才链，依托产业项目构筑人才高地，完善人力资本激励机制等。

8.2　研究局限性及展望

生态位计测及其构建理论是研究生态系统与系统内群落、种群关系，将定性与定量研究结合得较好的工具，在自然科学应用中，特别是在植物学研究中发展较快，而且取得的理论成果和实践成果都非常丰硕。生态位计测是针对生态系统内种群包括种间、种内竞争与共生关系的定量描述方法和手段，能够通过数据较客观地描述现状特征和发现存在的问题；生态位构建是适时适地根据现状和未来发展趋势，对生物种群或个体的现实生态位的调整——部分毁灭、部分创建或部分移动等。然而，无论生态位计测还是生态位构建所需要的生物体样本多维指标数据都要求覆盖面广、样本量大、样本区域较为固定、数据能够准确地反映实际，同时对生物样本生境等维度指标数据的要求较为苛刻。本书的研究局限也是跨学科方法应用的难度所在，主要有以下三点。

8.2.1 观测数据的局限性

将生态位计测及其构建理论应用到人类社会科学上，从理论论证上来说是可行的，而且本书实证结果显示也是可操作并对实践具有指导意义的，但是观测数据具有局限性。该理论即使在自然界动物、昆虫等可以自由变换生境的对象研究中，观察数据的取得也是比较困难的，更不用说在人类社会诸如科技人力资本的研究中。难点就在于生物体生态位影响因素不仅来源于生物体本身，而且很大部分来自外界生态环境占用和使用情况，这就要求研究对象生态环境的相对固定性，能够保证观测数据前后的研究对象统一。

8.2.2 指标维度选择的局限性

若要真正做到生态位计测与其生态位构建紧密相连、有的放矢，则需要能全面、全方位地反映实际或期望的指标体系，多维度计测生态系统某一群落或种群的现实生态位、最适宜生态位、潜在生态位及理想生态位，根据生态系统生境条件的变化与群落、种群的营养关系及生物体自身情况等做出生态位构建的决策。本书主旨是对浙江高新区科技人力资本某些方面采用生态位计测与构建理论去拟合评估，并对科技人力资本某些方面提出参考建议，然而，没有提出一个可以全方位综合描述科技人力资本的指标体系。

8.2.3 样本异质特点的局限性

高新区科技人力资本研究，样本量属于大样本抽样调查，可以通过样本数据得到本书预期得到的拟合结果。然而，在实际操作过程中，针对特定高新区的地理区位、产业结构、产业政策、经济水平、人文环境等的研究，样本异质特点在共性调查问卷中很难取得，这也是限制本书生态位构建环节不能全局性考虑和提出较为深层次参考建议的原因。

综上所述，本书研究的局限性并非是对生态学生态位理论及生态位构建方法的否定，而是对将该理论应用到人类社会学中的肯定，同时，对其理论的应用范围的横纵方向发展给予一个展望。首先，在取得观测样本数据的过程中，应该谨慎严肃，对研究对象的生态环境、资源占用、资源使用效率等做出客观调查统计，保证基础数据准确；其次，科技人力生态位计测与其生态位构建给中央政府及地方政府的宏观调控政策的制定和实施提供支撑、支持和参考价值；最后，科技人力资本生态位计测也可评估区域经济发展、产业结构布局以及高新技术推广应用等是否符合人才战略的实施，同时，检验我国科技政策、人才政策等实施的效率和效果。

参考文献

[1] Becker，G. S. Human Capital（2nd ed.）. Chicago：The University of Chicago Press，1975.

[2] Magurran A E. Ecological diversity and its measurement. New Jersy: Princeton University Press, 1988.

[3] Odum，E.P. 生态学基础 [M]. 孙儒泳，等，译. 北京：人民教育出版社，2000.

[4] Schultz T.Nobel lecture:The economic of being Poor[J].Journal of Political Economy. 1980（6）: 640.

[5] Wu, H., Sharp, P.J.H, Walker, J.and Pnridge. L. K,. Ecological field theory: Aspatial analysis of resource interference among plant. Ecol Model, 1985（29）: 215–243.

[6] 蔡飞. 安徽黄山北坡常绿阔叶林的生态优势度和物种多样性的研究 [J]. 安徽师大学报（自然科学版），1993（2）: 45–48.

[7] 曹文静，潘杰义. 数据包络分析方法的城市区域创新绩效评价 [J]. 现代制造工程，2009（6）: 132–137.

[8] 曹洋. 国家级高新技术产业园区技术创新网络研究 [D]. 天津：天津大学管理学院，2008.

[9] 陈学林，巨天珍. 甘南合作和肃南马蹄中国沙棘群落的物种多样性和生态优势度 [J]. 沙棘，1996（4）: 3–7.

[10] 陈应鹤. 人力投资与经济增长——舒尔茨的人力资本理论述评 [J]. 社会科

学，1991（6）：73-76.

[11] 程文文，陈戈，黄洁纲．人力资本投资的消费效用分析 [J]. 华东船舶工业
学院学报，1997（3）：54-59.

[12] 崔永东．人文社会科学创新问题试探 [J]. 群言，2016（6）：29-32.

[13] 代帆．世界高新技术产业开发区管理模式比较研究 [J]. 科学学与科学技术
管理，2001（3）：39-43.

[14] 董芳．欧洲硅谷——剑桥工业园区的成功模式 [J]. 中外企业文化，2002
（9）：38-39.

[15] 方竹兰．人力资本产权论 [J]. 经济理论与经济管理，1999（1）：36-39.

[16] 冯海仓．论国有企业经营者人力资本产权 [J]. 经济论坛，1998（4）：17-20.

[17] 冯之浚．关于区域创新系统研究内容的探讨 [J]. 科研管理，2000（2）：43-
48.

[18] 冯子标，焦斌龙．论人力资本营运 [J]. 管理世界，1999（5）：203-204.

[19] 冯子标．论人力资本营运及其对再就业工程的意义 [J]. 当代经济研究，
1999（6）：1-5.

[20] 付强．基于价值链模型的我国高技术产业技术创新双环节效率研究 [J]. 科
学学与科学技术管理，2009（8）：93-97.

[21] 傅家骥，程源．面对知识经济的挑战，该抓什么？——再论技术创新 [J].
中国软科学，1998（7）：27-30.

[22] 高德步．个人投资的重要领域——人力资本投资 [J]. 中国软科学，1994
（3-4）：120-122.

[23] 顾婷婷，杨德才，时磊．技术生态演化视角下人力资本推动自主创新机制
研究——基于中国面板数据的实证分析 [J]. 科技进步与对策，2014（22）：
148-154.

[24] 韩伯棠，朱美光，徐春杰，孙长森．基于知识溢出的高新区科技人才流动
研究 [J]. 科技进步与对策，2005（5）：155-157.

[25] 韩文秀，陈义．人力资本化与非资本化 [J]. 北京大学学报（哲学社会科学
版），1988（6）：53-56.

[26] 何景熙．人力资本投资：应对"三农"问题的战略选择——关于实施农村
人力资源开发工程的思考 [J]. 人口研究，2002，26（6）：7-13.

[27] 胡家会.生物界的共进化现象 [J].生物学教学，1993（10）：37-38.

[28] 胡瑞卿.科技人才合理流动综合指数评价法及其指标权数的确定 [J].中国软科学，2006（7）：151-158.

[29] 胡颖莹.异质性人力资本对区域经济差异的影响分析：以江苏、浙江为例 [D].杭州：浙江工商大学，2008.

[30] 胡云华.台湾新竹科学工业园区学习型创新体系研究及其启示 [J].特区经济，2009（5）：285-287.

[31] 胡志坚，苏靖.区域创新系统理论的提出与发展 [J].中国科技论坛，1999（6）：35-39.

[32] 黄桂.员工满意度的提升：制约与误区 [J].管理世界，2007（10）：160-161.

[33] 贾向东，陈德福，陈喜文，郭少影.几种定向进化技术的比较及文库构建策略 [J].中国生物工程杂志，2003（12）：69-74.

[34] 贾小玫，刘霞.农村人力资本投资与城乡收入差距的关系研究 [J].经济论坛，2015（9）：135-136.

[35] 贾愈.试论人力资本投资与我国经济可持续发展 [J].理论导刊.1997（12）：42-43.

[36] 江海燕.人力资本理论与教育现代化 [J].学术研究，1998（9）：44-47.

[37] 蒋春燕，赵曙明.知识型员工流动的特点、原因与对策 [J].中国软科学，2001（2）：12-15.

[38] 金占明.人力资本理论及其发展 [J].中国人才，1996（8）：4-5.

[39] 寇延耀.台湾新竹科学工业园区发展启示录 [J].科研管理，1997（3）：62-67.

[40] 李革森.关于企业所有权向人力资本所有者转换的探析 [J].管理现代化，1998（6）：27-30.

[41] 李华君.韩国科技发展引擎——大德科技园区的成功之道及启示 [J].中国高新区，2006（5）：81-83.

[42] 李少元.试论人力资本理论在经济学中的地位 [J].黑龙江高教研究，1984（4）：110-113.

[43] 李文龙，李自珍.作物生态位构建的模型及其进化惯量与动量的实验研究

[J]. 地球科学进展，2002（3）：446-451.

[44] 李仙娥. 人力资本投资在农村剩余劳动力转移中的作用分析 [J]. 经济纵横，2003（3）：18-20.

[45] 李晓丽. 政府在大德科技园区建设及发展中的推动作用 [J]. 今日科苑，2007（23）：107.

[46] 李晓钟，张小蒂. 江浙区域技术创新效率比较分析 [J]. 中国工业经济，2005（7）：57-65.

[47] 李欣广. 评"人力资本"概念 [J]. 广西大学学报（哲学社会科学版），1987（1）：29-33.

[48] 李晔，王舜. 台湾新竹科学园区的发展模式及启示 [J]. 科学管理研究，2006（3）：118-120.

[49] 李玉江. 区域人力资本研究 [M]. 北京：科学出版社，2005.

[50] 李振铎. 对人力资本产权关系的思考 [J]. 当代经济研究，1998（1）：63-65.

[51] 李自珍，韩晓卓，李文龙. 具有生态位构建作用的种群进化动力学模型及其应用研究 [J]. 应用数学和力学，2006，27（3）：293-299.

[52] 李宗璋，林学军. 科技创新能力综合评价方法探讨 [J]. 科学管理研究，2002，20（5）：8-11.

[53] 廉俊颖，鞠成军. 硅谷与剑桥高技术产业发展模式的比较研究 [J]. 中国科技产业，2002（11）：68-72.

[54] 廖建峰，李子和. 新竹科学工业园区的发展状况和要素分析 [J]. 科技管理研究，2004（5）：84—85.

[55] 林超. 对人力资本理论的再认识——兼论劳动价值论的发展 [J]. 外国教育经济理论评述，1989（3）：48-53.

[56] 林凤，陈翔宇，张国，张太海. 经营者人力资本定价模型研究 [J]. 上海理工大学学报，2015（1）：345-348.

[57] 林素川. 对人力资本理论若干命题的辨析 [J]. 教育评论，1992（2）：13-14.

[58] 蔺银鼎，韩学孟，武小刚，郝兴宇，王娟，梁锋，梁娟，王志红. 城市绿地空间结构对绿地生态场的影响 [J]. 生态学报，2006（10）：3339-3346.

[59] 刘登义. 病原菌与自然植物种群——病原菌与寄主植物的共进化及媒体传布的菌病的种群模型 [J]. 生态学报，1997（1）：105-108.

[60] 刘凤瑜，张金成.员工工作满意度调查问卷的有效性及民营企业员工工作满意度影响因素研究 [J].南开管理评论，2004（3）：92-104.

[61] 刘建琼.试论人力资本运营——兼析湖南人力资本战略 [J].湖湘论坛.1998（5）：22-23.

[62] 刘芹，张永庆，樊重俊.中日韩高科技园区发展的比较研究——以中国上海张江、日本筑波和韩国大德为例 [J].科技管理研究，2008（8）：122-125.

[63] 刘顺忠，官建成.区域创新系统创新绩效的评价 [J].中国管理科学，2002（1）：75-79.

[64] 刘文.我国农村人力资本的基本特征及投资战略研究 [J].南开经济研究.2014（4）：22-27.

[65] 刘雯.唐绍欣.西方人力资本理论的新发展述评 [J].经济科学，1998（4）：94-102.

[66] 刘翌.西方企业家人力资本及其开发利用的理论与实践 [J].外国经济与管理，1997（8）：7-11.

[67] 刘迎秋.论人力资本及其对中国经济成长的意义 [J].管理世界，1997（3）：55-63.

[68] 刘芸.如何实现员工满意与企业绩效的"双赢" [J].经济师，2004（11）：163-164.

[69] 马向东，孙金华，胡震云.生态环境与社会经济复合系统的协同进化 [J].水科学进展，2009（4）：566-571.

[70] 马歇尔.经济学原理(下卷)[M].朱志泰，陈良璧，译.北京：商务印书馆.1965.

[71] 莫志宏.人力资本的经济学分析 [M].北京：经济管理出版社，2004.

[72] 倪志远.知识经济视野下的人力资本投资与可持续发展 [J].数量经济技术经济研究，1999（6）：34-36.

[73] 彭澎.中关村科技园区创意基地型园区发展研究 [J].人文地理，2009，106（2）：44—49.

[74] 祁文雅，汪小莉，蔡张寅.员工满意度影响因素综述 [J].经济论坛，2005（20）：85.

[75] 钱宏. 长白山高山冻原植物群落的生态优势度 [J]. 生态学杂志, 1990（2）: 24-27.

[76] 钱雪亚. 人力资本存量计量的合理视角 [J]. 浙江社会科学, 2005（5）: 20-25.

[77] 邱渊. 教育投资之人力资本说的简介与初评 [J]. 黑龙江高教研究.1988（2）: 116-123.

[78] 仇喜雪. 我国农村人力资本投资的现状及对策 [J]. 改革与战略, 2014（11）: 44-46.

[79] 曲恒昌. 西方国家的人力资本理论 [J]. 比较教育研究, 1985（5）: 1-7.

[80] 任胜钢, 关涛. 区域创新系统内涵、研究框架探讨 [J]. 软科学, 2016（4）: 90-94.

[81] 任胜钢, 彭建华. 企业网络能力结构的测评及其对企业创新绩效的影响机制研究 [J]. 南开管理评论, 2010（1）: 69-80.

[82] 邵星. 对人力资本理论的几点认识 [J]. 经济经纬, 1997（6）: 52-53.

[83] 邵宇开, 白庆华, 王烷尘. 人力资本约束下区域主导产业选择方法 [J]. 哈尔滨工业大学学报, 2009（6）: 227-228.

[84] 石晓钰. 基于生态位理论的长江经济带省域创新型人力资本竞争力评价 [J]. 江苏科技大学学报（社会科学版）, 2020（1）: 99-108.

[85] 舒尔茨. 人力资本投资——教育与研究的作用 [M]. 蒋斌, 张衡, 译. 北京: 商务印书馆, 1990: 34-35.

[86] 舒燕. 我国高新技术园区人才流动问题的原因分析 [D]. 广州: 华南师范大学, 2003.

[87] 斯蒂格利茨. 经济学 [M]. 梁小民, 等, 译. 北京: 中国人民大学出版社, 1997.

[88] 宋冬林, 金成晓. 企业并购中人力资本组合问题研究 [J]. 管理世界, 1998（5）: 206-208.

[89] 宋良荣, 徐福缘. 人力资本投资与个人收入能力 [J]. 上海理工大学学报, 2002, 24（2）: 163-166.

[90] 宋萍, 洪伟, 吴承祯, 封磊, 范海兰, 刘用心. 濒危植物桫椤个体生态场梯度的研究 [J]. 热带亚热带植物学报, 2009（1）: 62-67.

[91] 宋萍，洪伟，吴承祯，封磊，范海兰．濒危植物秒木沙椤群生态场研究 [J]．应用与环境生物学报，2008（4）：475-480．

[92] 孙建敏，张明睿．所有制对高绩效工作系统与员工满意度关系的调节作用 [J]．经济理论与经济管理，2009（10）：5-13．

[93] 唐厚兴．区域创新系统创新绩效分析与评价 [J]．科技和产业，2016（7）：10-15．

[94] 唐卫东，周波，苏昌平．农村人力资本与农村教育投资问题的理论探析及政策取向 [J]．调研世界，2006（7）：23-25．

[95] 唐炎钊．区域科技创新能力的模糊综合评估模型及应用研究——2001 年广东省科技创新能力的综合分析 [J]．系统工程理论与实践，2004（2）：37-43．

[96] 王伯荪，彭少麟．鼎湖山森林群落分析——生态优势度 [J]．中山大学学报，1986（2）：93-97．

[97] 王根轩．探索生物间相互作用规律的生态场理论 [J]．大自然探索，1992（3）：52-56．

[98] 王海峰．人力资本参与企业产权安排的理论与实践 [J]．复旦学报（社会科学版），1999（5）：31-35．

[99] 王海卉，王兴平，李相斌．韩国大德研究开发特区探析 [J]．国际城市规划，2009（1）：117-120．

[100] 王建伟．投资及管理知识经济时代的人力资本 [J]．科技与管理，1999，19（2）：19-21．

[101] 王开国，宗兆昌．论人力资本性质与特征的理论渊源及其发展 [J]．中国社会科学，1999（6）：33-46．

[102] 王明杰，郑一山．西方人力资本理论研究综述 [J]．中国行政管理，2006（8）：92-95．

[103] 王威．我国科技人才流动中地区性就业过度的博弈分析 [J]．科技进步与对策，2006（5）：141-143．

[104] 王卫红，魏巍．中外高新区发展与管理模式研究——广东高新区与美国硅谷的比较 [J]．工业技术经济，2006（12）：9-13．

[105] 王晓婷，陆迁，李耀华．农村人力资本投资地区差异的结构分解 [J]．经

济经纬，2009（6）: 64–67.

[106] 王学民. 应用多元分析 [M]. 上海：上海财经大学出版社，2004.

[107] 王亚秋，王德利. 改进的植物生态场模型与实例分析 [J]. 生态学报，
2005（11）: 2855–2861.

[108] 王仲华，邹积亮. 产业集聚——新竹成功之关键 [J]. 科技创业月刊，
2004（3）: 52–54.

[109] 魏民. 从人力资本理论看教育的国民投资 [J]. 教育与经济，1989（3）:
14–17.

[110] 魏下海，李树培. 人力资本、人力资本结构与区域经济增长：基于分位
数回归方法的经验研究 [J]. 财贸研究，2009（5）:45–50.

[111] 邬烈岚，任浩. 基于博弈论与系统动力学的企业人力资本定价 [J]. 同济
大学学报（自然科学版），2007（11）: 1582–1586.

[112] 吴开松. 人力资本投资——实施再就业工程的根本途径 [J]. 统计与决策，
1999（5）: 42–43.

[113] 吴人坚，朱明德. 图解现代生物学入门 [M]. 杭州：杭州科学普及出版社，
2005.

[114] 吴志芬，王合成. 山东杂木林群落物种多样性与生态优势度分析 [J]. 华
东师大学报（自然科学版），1993（4）: 34–40.

[115] 伍晓奕，汪纯孝，谢礼珊. 薪酬管理公平性对员工薪酬满意感的影响
[J]. 外国经济与管理，2006（2）: 7–14.

[116] 夏杰长，刘美玲. 人力资本投资：反失业的有力武器 [J]. 首都经济贸易大
学学报，1999（4）: 26–29.

[117] 新帕尔格雷夫. 经济学大辞典 [M]. 北京：经济科学出版社，1992.

[118] 徐卉芳，张先恩，张用梅. 体外分子定向进化研究进展 [J]. 生物化学与
生物物理进展，2002（4）: 519–524.

[119] 徐兰，李晓萍，戴云徽. 基于灰色关联分析的企业员工满意度评价 [J].
中国管理科学，2008（10）: 68–70.

[120] 许芳. 企业协同进化的生态机制与其对策研究 [J]. 郑州航空工业管理学
院学报，2017（2）: 22–26.

[121] 薛国琴. 农村人力资本投资亟待重视 [J]. 浙江经济，2001（1）: 1.

[122] 严良．我国高新区管理模式现状与对策探讨 [J]．科技进步与对策，2000（6）：32-33．

[123] 阎淑敏，王静．人力资本投资与农村经济发展 [J]．经济论坛，2000（5）：16-17．

[124] 杨从党．作物研究过程中生态场理论的应用 [J]．中国生态农业学报，2002（4）：108-110．

[125] 杨胜刚．西方人力资本理论的新进展和中国人力资本化问题研究 [J]．经济评论，1994（3）：41-47．

[126] 杨志江．技术创新、环境规制与能源效率——基于中国省际面板数据的实证检验 [J]．研究与发展管理，2017（4）：23-32．

[127] 姚芳．硅谷、新竹发展模式之异同 [J]．创新论坛，2008（8）：22-23．

[128] 姚蓉，严良．我国科技人才流动的现状、原因及发展趋势 [J]．科技进步与对策，2003（2）：107-109．

[129] 叶晨炫，张元标．基于粗糙集理论的科技人才流动绩效评价研究 [J]．科技管理研究，2009（12）：423-425．

[130] 殷红霞．农村人力资本投资环境分析及路径选择——基于新农村建设视角下 [J]．商业研究，2017（5）：112-115．

[131] 殷晓莉，王里克．区域科技创新能力评价研究 [J]．生产力研究，2006（6）：99-101．

[132] 余蕾．农村人力资本非农就业投资效应的制度因素 [J]．商业时代，2009（31）：15-16．

[133] 曾国军．人力资本理论研究综述 [J]．会计论坛．2015（7）：10-14．

[134] 张利飞，曾德明，陈世平．软件企业 R&D 人力资本投资风险预警与控制模型 [J]．系统工程理论与实践，2015（5）：55-62．

[135] 张帏，成九雁，高建，石书德．我国大学科技园最新发展动态、评价及建议 [J]．研究与发展管理，2009，21（1）：95-101．

[136] 张文桥，王烷尘，陈明义．风险、控制与人力资本投资 [J]．上海交通大学学报，2014，38（3）：438-440．

[137] 张小兰．美国硅谷和台湾新竹科学园的经验启示 [J]．中国集体经济，2007（9）：195-196．

[138] 张永春，吴汝林，刘均洪.定向进化在工业催化中的应用 [J].化学工业
与工程技术，2003（1）: 15-20.

[139] 张逾坤，吴见平，管连龙.区域科技创新能力的动态评估及实证分析
[J].华东经济管理，2007（1）: 90-94.

[140] 赵大宇.北京中关村科技园区与韩国大田大德谷高新区政府规划比较
[J].制度经济学研究，2007（1）: 186-207.

[141] 赵曙明，白晓明.创新驱动下的企业人才开发研究——基于人力资本和
生态系统的视角 [J].华南师范大学学报（社会科学版）.2016（5）: 93-
98.

[142] 郑彩祥.在新古典框架内分析人力资本与收入分配 [J].同济大学学报（自
然科学版），2009（10）: 1418-1422.

[143] 郑文力.论势差效应与科技人才流动机制 [J].科学学与科学技术管理，
2005（2）: 112-116.

[144] 中关村科技园区管委会.创新之路——中关村科技园区调研报告 [J].中
国高新区，2009（4）: 92-94.

[145] 钟坚.日本筑波科学城发展模式分析 [J]. Forward Position in Economics,
2001（9）: 31-34.

[146] 周亚庆，张方华.论区域创新系统 [J].科研管理，2001（6）: 1-8.

[147] 朱勇，张宗益.技术创新对经济增长影响的地区差异研究 [J].中国软科
学，2015（11）: 92-98.

[148] 诸葛剑平.浙江高新区人力资本生态拟合对科技创新绩效的影响效应研
究 [J].商场现代化，2018（1）: 111-112.

[149] 诸建芳，王伯庆，使君多福.中国人力资本投资的个人收益率研究 [J].
经济研究，1995（12）: 55-63.

[150] 祝树金，许和连，赖明勇.开放经济中人力资本与经济增长的多重均
衡——模型及中国的经验研究 [J].湖南大学学报（自然科学版），2006
（6）: 137-140.

[151] 邹锐.生态场理论及生态场特性 [J].生态学杂志，1995（1）: 49-53.

附录 1

高新区数据汇总表

开发区	企业数/个	从业人员/人	总收入/万元	出口总额/万美元	人均收入/万元
合　计	71180	14601730	1996488831	41333452	136.7296
通化医药高新技术产业开发区	52	10216	5408122	1750	529.3777
玉溪高新技术产业开发区	41	18522	9498238	360	512.8084
咸阳高新技术产业开发区	64	13867	4205360	10540	303.2638
长春高新技术产业开发区	729	161469	48785900	55361	302.1379
辽阳高新技术产业开发区	32	35177	8388825	164590	238.4747
鞍山高新技术产业开发区	547	87796	20691759	123084	235.68
榆林高新技术产业开发区	14	12671	2757088	73578	217.5904
南京高新技术产业开发区	365	203336	43108773	803246	212.0076
益阳高新技术产业开发区	222	24447	5169921	27946	211.4747
马鞍山慈湖高新技术产业开发区	125	29586	6240180	47346	210.9166
昆明高新技术产业开发区	286	67069	13991108	56809	208.6077
莫干山高新技术产业开发区	3368	323328	66222416	788021	204.815
昌吉高新技术产业开发区	87	10886	2184892	4441	200.7066
泰州医药高新技术产业开发区	290	36492	7185915	105167	196.9175
中山火炬高技术产业开发区	400	85455	16487582	898705	192.9388
大庆高新技术产业开发区	480	108024	20729332	23929	191.8956

续表

开发区	企业数/个	从业人员/人	总收入/万元	出口总额/万美元	人均收入/万元
合肥高新技术产业开发区	530	156427	29764719	657745	190.2787
淄博高新技术产业开发区	450	119197	22675280	270693	190.2336
杭州紫竹高新技术产业开发区	85	19241	3406754	77933	177.057
成都高新技术产业开发区	1626	272326	48147024	1648577	176.7992
延吉高新技术产业开发区	187	14228	2510252	16464	176.4304
郑州高新技术产业开发区	755	175040	30858291	112476	176.2928
江阴高新技术产业开发区	183	101200	17787357	489781	175.7644
鹰潭高新技术产业开发区	93	22459	3930328	4118	175.0001
柳州高新技术产业开发区	194	83939	13953361	82691	166.2322
温州新技术产业园区	3175	342824	56744498	1058244	165.5208
燕郊高新技术产业开发区	181	29461	4856823	10152	164.856
肇庆高新技术产业开发区	149	44341	7182815	74310	161.9904
宁波高新技术产业开发区	381	120403	19379539	688449	160.9556
嘉兴中关村科技园区	15455	1898756	304974331	3361667	160.618
乌鲁木齐高新技术产业开发区	267	69689	11070056	314081	158.8494
长沙高新技术产业开发区	846	214835	33859676	246990	157.6078
惠州高新技术产业开发区	313	171921	27076615	2186586	157.4945
杭州市张江高科技园区	2806	722450	113689130	3127534	157.3661
萧山东湖新技术开发区	2883	419022	65172074	1047288	155.5338
宜昌高新技术产业开发区	301	110354	16978732	96337	153.857
襄樊高新技术产业开发区	622	138333	20688463	79836	149.5555
芜湖高新技术产业开发区	190	43397	6463589	65044	148.9409
青岛高新技术产业开发区	200	132558	19706494	337645	148.6632
新疆生产建设兵团石河子高新技术开发区	18	15603	2298271	1573	147.2968
石家庄高新技术产业开发区	608	102204	15034148	112512	147.0994

开发区	企业数/个	从业人员/人	总收入/万元	出口总额/万美元	人均收入/万元
银川高新技术产业开发区	59	9196	1336025	29617	145.2833
济宁高新技术产业开发区	442	167464	24179009	180471	144.3833
衡阳高新技术产业开发区	80	36474	5231367	114076	143.4273
湘潭高新技术产业开发区	271	81049	11599979	86128	143.123
洛阳高新技术产业开发区	708	110120	15539376	101650	141.1131
新余高新技术产业开发区	153	41386	5637132	67981	136.2087
衢州高新技术产业开发区	1097	117835	16048078	28595	136.1911
潍坊高新技术产业开发区	473	144318	19647363	299433	136.1394
渭南高新技术产业开发区	60	23205	3126612	32010	134.7387
临沂高新技术产业开发区	355	66045	8890090	96788	134.6066
景德镇高新技术产业开发区	145	56727	7507379	87976	132.3423
南通高新技术产业开发区	368	85326	11285634	367116	132.2649
南昌高新技术产业开发区	370	108688	14361908	197947	132.1389
常州高新技术产业开发区	976	168827	21466546	594233	127.1511
新乡高新技术产业开发区	149	45029	5702001	32652	126.6295
厦门火炬高技术产业开发区	410	156963	19852846	2048322	126.4811
株洲高新技术产业开发区	215	107439	13447951	111767	125.1682
徐州高新技术产业开发区	115	43498	5404710	17143	124.2519
绍兴高新技术产业开发区	783	147864	18216985	212965	123.2009
哈尔滨高新技术产业开发区	310	163435	19893850	128628	121.7233
苏州高新技术产业开发区	1100	234070	28258069	2389239	120.7249
威海火炬高技术产业开发区	221	102533	12331374	451707	120.2674
济南高新技术产业开发区	559	236254	28310623	482537	119.8313
自贡高新技术产业开发区	102	31777	3737438	79664	117.6146
蚌埠高新技术产业开发区	268	54375	6227993	69508	114.5378

续表

开发区	企业数/个	从业人员/人	总收入/万元	出口总额/万美元	人均收入/万元
荆门高新技术产业开发区	267	70346	7981654	34544	113.4628
营口高新技术产业开发区	288	44455	4975897	143382	111.9311
大连高新技术产业开发区	2035	205300	22841497	652304	111.2591
深圳高新技术产业开发区	1485	419616	46560424	1685553	110.9596
宝鸡高新技术产业开发区	454	132399	14634210	69291	110.5311
包头稀土高新技术产业开发区	517	118069	12996914	197978	110.079
杭州高新技术产业开发区	1832	254257	27987224	512558	110.0745
孝感高新技术产业开发区	345	76737	8346953	18211	108.7735
东莞松山湖高新技术产业开发区	305	69314	7534485	291327	108.7008
福州高新技术产业开发区	184	62202	6735435	385678	108.2833
佛山高新技术产业开发区	612	288209	30274233	1166307	105.0426
保定高新技术产业开发区	169	90687	9443206	155437	104.1297
广州高新技术产业开发区	2313	454226	46801779	2381963	103.0363
衢州高新技术产业开发区	174	50698	5173522	56719	102.0459
吉林高新技术产业开发区	529	113435	10999109	29028	96.96398
珠海高新技术产业开发区	469	186348	18051260	1207861	96.86855
海口高新技术产业开发区	146	32438	3094643	48425	95.40178
重庆高新技术产业开发区	855	191803	17622185	347590	91.87648
安阳高新技术产业开发区	219	46567	4200912	20044	90.21222
兰州高新技术产业开发区	600	156211	14007477	24990	89.67024
贵阳高新技术产业开发区	501	216801	19084603	303828	88.02821
南宁高新技术产业开发区	662	136822	12042522	140906	88.01598
宁夏石嘴山高新技术产业开发区	94	21137	1858131	19460	87.90894
齐齐哈尔高新技术产业开发区	43	26387	2302236	49796	87.24888
杨凌农业高新技术产业示范区	144	16002	1388075	2156	86.74384

续表

开发区	企业数/个	从业人员/人	总收入/万元	出口总额/万美元	人均收入/万元
无锡高新技术产业开发区	1234	342885	29410637	1863965	85.77406
呼和浩特金山高新技术产业开发区	29	64593	5329852		82.5144
辽宁阜新高新技术产业开发区	179	22495	1848648	2843	82.18041
绵阳高新技术产业开发区	110	112769	9091760	156441	80.62287
桂林高新技术产业开发区	314	87948	6960700	48512	79.14563
承德高新技术产业开发区	27	7746	594858	753	76.79546
长春净月高新技术产业开发区	911	120819	9124308	122283	75.52047
本溪高新技术产业开发区	114	25347	1907451	10556	75.25351
武进高新技术产业开发区	333	88593	6583421	161142	74.31085
白银高新技术产业开发区	157	92335	6817972	50170	73.83952
乐山高新技术产业开发区	85	30807	2239985	86919	72.71025
泰安高新技术产业开发区	318	71475	5003341	38234	70.00127
昆山高新技术产业开发区	892	287957	20032855	603699	69.56891
莆田高新技术产业开发区	113	51683	3541683	12077	68.52704
唐山高新技术产业开发区	122	17407	1170498	10439	67.24297
青海高新技术产业开发区	57	11630	778220	161	66.9149
漳州高新技术产业开发区	161	48932	3214275	111483	65.68861
泉州高新技术产业开发区	190	67432	4406327	71233	65.34475
烟台高新技术产业开发区	253	55874	3554461	77207	63.61566
南阳高新技术产业开发区	164	43714	2560263	33867	58.56849
江门高新技术产业开发区	242	52154	2949527	100543	56.55419
绍兴高新技术产业开发区	208	38154	2103885	75497	55.14193
温州高新技术产业开发区	336	70069	3820946	88342	54.53119

附录 2

高新区员工满意度调查问卷

尊敬的朋友：

您好！本次问卷为内部调查，采取匿名调查方式，调查结果仅作为研究的参考数据供分析研究使用，请您放心作答。

衷心感谢您的支持与配合！

一、基本信息

1. 您的性别：

A. 男　B. 女

2. 您的年龄：

A. 25 岁及以下　　B. 26~35 岁　　C. 36~45 岁　　D. 46 岁及以上

3. 您的学历：

A. 大专及以下　　B. 本科　　C. 硕士　　D. 博士

4. 您的司龄：

A. 1 年以下　　B. 1~3 年　　C. 3~5 年　　D. 5 年以上（公司成立时加入）

5. 您的工作岗位：

A. 高级管理　　B. 中层管理　　C. 基层管理

D. 高级技术类　　E. 普通技术类　　F. 一般职能类

二、公司员工满意度现状调查（请根据下表左侧陈述，选择与您真实想法最为符合的一项，并在右侧中填写"√"）

序号	薪酬因素	极不满意	较不满意	一般	比较满意	非常满意	不确定
1	领导对科技人员的关怀						
2	工作成就感与自我实现						
3	领导员工沟通度						
4	薪金分配						
5	工作中充分发挥个人能力						
6	部门冲突之间的协调						
7	工作外部环境						
8	工作氛围						
9	工作时间的自由度						
10	工作发展宽松度						
11	与同事之间的关系						
12	进修培训机会						
13	晋升机会						
14	工作兴趣契合度						
15	工作负担						

第二部分：创业绩效

下面问题是有关公司创业绩效内容的描述。请您根据所在公司的真实情形，从中选择与您公司情况最相符的，并在每一个题目后面画出对应的选项。

下面的这些问题，各选项代表的含义分别为：1—非常同意　2—同意　3—不同意也不反对　4—不同意　5—非常不同意

Ⅰ　创业绩效的财务绩效性指标

I1　企业主体业务一直保持着很高的市场份额　1　2　3　4　5

I2　企业的利润率保持在很高的水平　1　2　3　4　5

I3　企业净资产收益率在同行业中处于优势　1　2　3　4　5

J　创业绩效成长性指标

J1　与竞争对手相比，销售额增长很快　1　2　3　4　5

J2　与竞争对手相比，净收益增长较快　1　2　3　4　5

J3　与竞争对手相比，新产品或服务发展速度较快　1　2　3　4　5

最后，再次感谢您的参与！

I2 企业的利润率保持在很高的水平 1 2 3 4 5

I3 企业净资产收益率在同行业中处于优势 1 2 3 4 5

J 创业绩效成长性指标

J1 与竞争对手相比，销售额增长很快 1 2 3 4 5

J2 与竞争对手相比，净收益增长较快 1 2 3 4 5

J3 与竞争对手相比，新产品或服务发展速度较快 1 2 3 4 5

最后，再次感谢您的参与！

二、公司员工满意度现状调查（请根据下表左侧陈述，选择与您真实想法最为符合的一项，并在右侧中填写"√"）

序号	薪酬因素	极不满意	较不满意	一般	比较满意	非常满意	不确定
1	领导对科技人员的关怀						
2	工作成就感与自我实现						
3	领导员工沟通度						
4	薪金分配						
5	工作中充分发挥个人能力						
6	部门冲突之间的协调						
7	工作外部环境						
8	工作氛围						
9	工作时间的自由度						
10	工作发展宽松度						
11	与同事之间的关系						
12	进修培训机会						
13	晋升机会						
14	工作兴趣契合度						
15	工作负担						

第二部分：创业绩效

下面问题是有关公司创业绩效内容的描述。请您根据所在公司的真实情形，从中选择与您公司情况最相符的，并在每一个题目后面画出对应的选项。

下面的这些问题，各选项代表的含义分别为：1—非常同意　2—同意　3—不同意也不反对　4—不同意　5—非常不同意

I　创业绩效的财务绩效性指标

I1　企业主体业务一直保持着很高的市场份额　1　2　3　4　5

图书在版编目（CIP）数据

高新区人力资本生态拟合与创新绩效关系研究：以浙江高新区为例 / 诸葛剑平著. — 杭州：浙江大学出版社，2021.6

ISBN 978-7-308-21776-7

Ⅰ. ①高… Ⅱ. ①诸… Ⅲ. ①高技术产业区－人力资本－研究－浙江②高技术产业区－创新管理－研究－浙江 Ⅳ. ①F249.21②F269.275.5

中国版本图书馆CIP数据核字(2021)第193412号

高新区人力资本生态拟合与创新绩效关系研究
——以浙江高新区为例

诸葛剑平　著

策划编辑	吴伟伟
责任编辑	杨　茜
责任校对	许艺涛
封面设计	周　灵
出版发行	浙江大学出版社
	（杭州市天目山路148号　　邮政编码　310007）
	（网址：http：//www.zjupress.com）
排　　版	杭州林智广告有限公司
印　　刷	广东虎彩云印刷有限公司绍兴分公司
开　　本	710mm×1000mm　1/16
印　　张	13.25
字　　数	200千
版 印 次	2021年6月第1版　2021年6月第1次印刷
书　　号	ISBN 978-7-308-21776-7
定　　价	68.00元